ESF 구역공과 시리즈 8

구속사의 흐름 속에서

한의수

ESP

구속사의 흐름 속에서

구속사의 흐름 속에서....

현대의 가장 큰 특징은 물질문명의 시대라는 것입니다. 물질문명이 현대처럼 발달된 때는 없었습니다. 그래서 현대인들은 영적생활을 등한시 하고 물질문명의 쾌락에 탐닉하고 있습니다. 그런데 물질문명에 푹 빠져있는 인간들은 그 한계를 느끼고 뭔가 새로운 만족의 길을 찾고 있습니다. 물질문명의 즐거움은 결코 영혼의 만족을 주지 못합니다. 즉 영혼의 참 만족을 찾고 있는 것입니다. 바꾸어 말하면 참 복음, 참 신앙을 찾고 있는 것입니다. 그런데 현대인들과 교회는 커뮤니케이션이 잘 안되어 만남이 잘 이루어지지 못하고 있습니다.

이러한 안타까운 현실을 극복해보고자 교회 문턱을 낮추어 교회 카페, 교회 커피숍, 열린 모임, 열린 예배 등 많은 노력을 기울이고 있습니다. 이러한 노력으로 약간의 열매를 거두고 있지만 만족스런 결과를 얻지는 못하고 있습니다.

역시 해답은 하나님께 있습니다. 하나님은 그 해답을 성경 속에서 가르쳐주십니다. 성도들에게 복음의 은혜에 심취하도록 가르치고 참 신앙을 가르쳐 은혜 받은 그들로 가서 복음 전하게 하는 것입니다. "와 보라! 여기에 참 행복의 길이 있습니다! 여기에 참 만족의 길이 있습니다!" 외치게 만드는 것입니다.

하나님께서 인류를 얼마나 사랑하시고 구원코자 하셨는가? 하나님의 인류구속사를 아는 것은 신앙생활에 매우 귀중합니다. 하나님의 인류구속사를 알기 쉽게 '범죄 이전의 영광스런 우주 창조(창세기 1-2장)', '인간의 죄와 하나님의 구원의 시작(창세기 3-11장)', '하나님의 아브라함 선택과 약속(창12-50장)', '하나님께서 세우신 하나님 나라(출-수)', '신정국가의 시련(삿-삼상15장)', '하나님을 높이는 다윗왕국(삼상16-왕상11장, 대상1-대하9장)', '어둠 속의 신정국가(왕상12-왕하25장, 대하10-36장)', '하나님 나라의 회복(스, 느, 선지서)', '예수님 오심으로 시작된 하나님 나라(마-요)', '사도들이 전파한 하나님 나라(행, 서신서)', '사도 후의 교회와 하나님 나라(교회사)', '종말에 완성될 하나님 나라(요한계시록)' 이렇게 12기로 나누어 공부함이 좋습니다.

　　현대 크리스천들은 좀 더 수준 높은 메시지를 요구하고 있습니다. 영적 만족을 영혼의 양식에 굶주려 있습니다. 그 욕구를 채워줄 길은 오직 성경에 있습니다. 하나님의 인류구속사 속에 도도히 흐르는 하나님의 거룩한 사랑과 구원의 사랑에 눈을 뜹시다. 거기에 현대인의 갈증을 푸는 길이 있습니다.

저자 한의수

▶ 구역예배는 이렇게...

*"네가 죽도록 충성하라.
그리하면 내가 생명의 면류관을 네게 주리라"*

1. 구역 예배 목적

구역 예배의 목적은 친교, 전도, 교육입니다. 같은 하나님의 권속으로서 성도들 서로의 형편을 알고 기도해주며 그리스도의 사랑을 실천하는 친교는 주로 구역 예배를 통하여 이루어집니다. 그러므로 구역 예배시 성도님의 가정형편을 묻고 기도하며 풍성한 음식 교제를 나눔은 매우 유익합니다. 은혜가 풍성한 교제는 곧 전도로 이어집니다. 영혼을 구원하는 전도야말로 하나님 나라 건설의 초석이요 주님의 최대 명령입니다. 성경 찾기, 주일성수, 십일조 헌금, 교회 특성, 목사님의 목회방침, 주의 종 섬기기, 교회 행사 등 중요한 교회 교육이 구역 예배를 통하여 자연스럽게 이루어집니다.

2. 구역예배 순서

(시작 시간, 마치는 시간을 잘 지킴이 잘 모이게 하는 지혜입니다. 시작 시간을 정확히 지키십시오. 새 회원이 있으면 간단히 소개합니다.)

● **묵상기도**
다같이 묵상기도 한 후 예배 인도자(구역장)가 짧고 간절하게 기도합니다.

● **찬송**
구역에 알맞은 찬송이나 복음성가를 우리 구역 찬송으로 정하여 일년 내내 부름이 좋습니다.

● **대표기도**
순서를 정하여 돌아가며 기도하면 기도 훈련이 됩니다. 3~5분 정도가 좋습니다.

● **찬송**
시기 적절한 찬송을 미리 정하여 부릅니다. 구역공과에 찬송가가 정해 있습니다.

🔵 교회를 위한 기도

우리 교회 기도제목을 가지고 3~5분 동안 다같이 합심하여 기도합니다. 때로는 한 사람씩 돌아가며 전원이 다 기도함도 은혜롭습니다.

🔵 담임목사님을 위한 기도

교회 부흥의 열쇠는 담임 목사님의 성령충만과 성도님들과 담임 목사님의 단합에 있습니다. 그러므로 온 성도님들이 담임 목사님을 위해 힘써 기도하고 담임 목사님이 성도님들을 위하여 간절히 중보기도함은 교회 성장의 지름길입니다. 다같이 3~5분간 기도하고 한 분이 마무리 기도함이 좋겠습니다.

🔵 성경봉독

성경봉독을 맡은 구역원이 봉독해도 좋고 모두 한 절씩 돌아가며 윤독해도 좋습니다.

🔵 성경공부

문제풀이 부분을 그룹 토의 식으로 공부합니다. 재미있고 유익하게 성경본문을 중심으로 공부합니다. 대화가 풍성할수록 좋습니다. 그러나 너무 말이 길어지면 조절하도록 말해줘야 됩니다. 왜냐하면 성경공부가 지루해지면 안되기 때문입니다. 너무 말을 안하고 얌전을 빼는 사람은 성경 참고 구절을 읽도록 권면해 보십시오. 한번 시작하게 되면 말을 하게 됩니다.

🔵 메시지

가장 은혜가 충만한 분에게 메시지를 읽도록 합니다. 강조해야 할 부분이 있으면 사회자가 간략한 말로 강조해 줍니다.

🔵 공동토의

'나누어 볼까요' 문제는 성경의 교훈을 토대로 현재 우리의 삶에 적용시켜 보는 문제입니다. 그러므로 성경의 교훈과 우리의 삶과 연결시켜 잘못된 것은 고치고 회개하며, 혼란스러운 것은 말씀으로 분명한 방향을 잡고, 잘 몰랐던 것은 바로 알고 결단하고 나가야 됩니다. 인도자의 말이 매우 중요한 시간입니다. 특히 메시지에 제시된 방향을 잘 적용하도록 도우시기 바랍니다.

● 전도보고
구역전도 계획, 전도보고 시간을 갖고 전도를 위해 기도합니다.

● 합심기도
말씀에 기초한 적절한 기도 제목을 찾아 합심하여 기도합니다. 전체 통성 기도도 좋고 한 사람씩 돌아가며 기도해도 좋습니다. 또는 짝 기도도 좋은 기도 방법입니다.

● 특별기도
구역원 가정에 특별히 기도할 기도 제목이 있으면, 기도 제목을 제시하고 온 구역식구가 합심하여 기도해주면 그 성도님은 매우 감사해 할 것입니다.

● 찬송
말씀 은혜가 충만한 시간이므로 말씀을 생각하며 힘차게 찬송합니다.

● 폐회기도
주님 가르쳐주신 기도로 다같이 기도하며 폐회합니다. 때로는 구역장의 간단한 기도로 폐회합니다.

● 풍성한 음식교제
구역 예배의 가장 큰 목적은 친교와 전도입니다. 폐가 되지 않는 선에서 풍성하게 음식을 나누며 교제할 때 천국의 기쁨을 누리게 될 것입니다.

3. 은혜로운 구역 예배를 위하여

· 구역 인원수는 3-7명으로 시작함이 좋습니다. 그러나 열심히 전도하여 10-30명이 되면 하나님과 목사님으로부터 큰 상급이 있을 것입니다.

· 구역 예배 날짜와 시간을 정합니다. 자주 바뀌는 것은 좋지 않습니다.

· 부부 참석을 원칙으로 부부가 함께 참석하면 구역 예배가 풍성해지고 힘이 있게 됩니다.

· 구역예배는 1시간 정도, 교제는 30분 정도가 좋으나 구역 형편에 따라 조정하면 됩니다.

· 구역장이 구역원들을 잘 권면하여 전원 참석, 52주 무결석, 개근하도록 돕고자 하면 그 믿음대로 됩니다.

· 불가피한 사정으로 결석한 분은 반드시 따로 보강 공부하고 특별 교육하면 결석하지 않게 됩니다.

· 1년에 한두번은 야유회, 볼링등의 교제가 구역 활성화에 도움이 됩니다. 그런 계획이 있으면 목사님과 미리 상의함이 보기에 좋습니다.

· 구역 찬양 발표회, 구역 특송이 있을 때는 온 정성을 다하여 준비하여 구역원의 영적 힘을 결집시킴이 지혜입니다.

· 은혜로운 구역 예배는 곧 셀(Cell) 목회, 목장 목회등의 기초가 됩니다.

· 충성을 다하여 각 구역에 하나님의 은혜가 충만하고 교회가 부흥하고 이 땅에 민족복음화, 세계선교가 이루어지기를 두 손 모아 기도합니다.

"네가 죽도록 충성하라, 그리하면 네가 생명의 면류관을 네게 주리라"
-요한계시록 2장 10절

소그룹 인도법

I. 왜 그룹성경공부를 하는가?

1. 가장 부담 없는 편안한 성경공부 방법이기 때문이다.

많은 분들이 성경을 공부하고 싶어 한다. 그런데 혼자 성경을 읽어보자니 너무 어려운 것 같고 딱딱하다. 남들은 놀라운 진리가 있다고 하는데 자기 눈에는 잘 보이지 않고 의구심이 생길 때가 많다. 되도록 부담 없이 공부하고 싶어 한다. 그룹 성경 공부는 이러한 분들에게 적합한 성경공부 방식이다.

2. 교제를 겸한 성경공부 방법이기 때문이다.

하나님께서는 사람을 지으실 때 하나님의 형상대로 만드셨다. 그 이유는 피조물의 대표가 되게 하고 창조주 하나님과 교제가 이루어지도록 하기 위함이다. 그러므로 하나님과 교제하고 사람들과 교제할 때 인생의 참 기쁨과 만족을 누리게 된다. 처음 성경 공부하는 분들이 하나님과 사귀는 법, 사람과 사귀는 법을 익히기에는 어려움이 많다. 그러나 자기 그룹의 신앙심 깊은 분들과 사귐을 가지면서, 영적인 세계가 있다는 것도 알게 되고, 하나님과 관계를 갖게 되는 것이다.

3. 신앙성장을 도와주는 성경공부 방법이기 때문이다.

① 성경을 보는 눈이 크게 성장한다. 똑같은 본문에서 내가 감히 상상도 하지 못했던 진리를 발견하여 발표하는 것을 듣고 있을 때, 번쩍 하는 영감을 얻는다. 아주 평범한 부분의 말씀 속에서 자기에게 적절한 진리를 찾게 되었을 때 사고의 폭과 삶의 힘이 길러지게 된다.

② 신앙과 인격이 크게 성장한다. 사람은 대개 자기가 좋아하는 것만 지나치게 좋아하는 경향이 있다. 그래서 한쪽으로 치우친 사람이 되기 쉽다. 특히 대화에 그것이 나타난다. 어떤 분은 정서가 불안해서 남의 얘기를 도무지 들어주지 못하거나 들더라도 끝까지 들어주지 못하는 분이 있다. 그러나 그룹성경공부를 통해 발표하고 듣기도 하면서 도량이 넓은 인격자로 성장하게 된다. 또한 자기 생각을 발표하면서 확신 있는 신앙인으로 성장하게 된다.

③ 인간에 대한 이해가 깊어지게 된다. 그룹 성경공부를 하는 동안 서로 관계성이 생기면서 비로소 대화다운 대화가 시작된다. 흉금을 털어놓고 대화를 하면서 인간에 대해 참다운 이해가 있게 된다. 참다운 인간 이해가 없기 때문에 자녀 교육, 친구 관계, 가족 관계 등 인간 관계에 실패하는 사람들이 많다. 그러므로 그룹 성경 공부는 한마디로 전인 교육이 이뤄지는 산 교육장이요, 그 이상으로 영적 생명수를 얻게 되는 생명의 샘터가 된다.

II. 그룹 성경공부를 어떻게 인도할까 ?

1. 그룹성경 공부 전에 준비한다.

그룹 성경공부의 성패의 관건은 인도자에게 달려있다. 특히, 인도자가 어떻게 준비하고 어떤 자세로 이 모임을 인도하는 가에 따라 모임의 분위기가 달라진다.

① 먼저 기도로 준비하라. 모임이 솔직하고, 진지한 모임이 되도록 기도하고, 참석자 한 사람 한사람에 대하여 깊이 이해하고, 그들의 영혼의 욕구가 무엇인지 분별하도록 기도하고, 성령님의 인도하심을 간구하라.

② 성경 본문에 대한 깊은 묵상이 필요하다. 준비 공부와 참석자들의 영혼을 생각하며 본문말씀을 묵상하면 인도할 때 크게 도움이 된다. 인도자의 준비성 있는 자세와 본문에 대한 깊은 이해는 참석자에게 매우 좋은 영향력을 미치게 될 것이다.

③ 성경공부장소에 미리 와서 공부하기 좋은 분위기를 만드는 것이 중요하다. 주위 환경이 무질서하면 주위가 산만해 진다. 좌석 배치는 둥그렇게 앉는 것이 좋고 인도자는 모든 사람을 바라보는 곳에 앉는 것이 좋다. 조명, 환기, 온도조절에도 신경을 쓴다. 그러나 가장 관심을 쏟을 것은 영적 분위기로서 적절한 찬송, 기도, 조용히 성경 읽기, 성경 묵상 등의 분위기를 이뤄 놓아야 한다.

2. 새로 온 회원을 적절하게 맞이한다.

새로 온 회원이 있으면 오는 즉시 인사를 나누고 간단히 소개한다. 공부 도중에 오는 경우에도 분위기에 따라 적당한 기간에 소개하면 좋다. 그리고 새 회원의 인적 상황, 신앙 경력 등을 빨리 파악하여 전 회원에게 잘 소개함이 중요하다. 새 회원이 소외감을 갖지 않도록 섬세한 관심으로 대하고 정성을 쏟지 않으면, 다음에는 나오지 않게 된다. 그리고 다음 모임하루 전에 전화 연락을 하여 참석하게 하는 것도 새 회원을 돕는 지혜이다.

3. 그룹성경공부의 실제적인 진행

① 정해진 시간에 정확하게 시작한다. 그렇지 않으면, 시간관념이 해이하여 모임 갖기에 애를 먹게 된다. 극소수가 왔다 하더라도 정해진 시간에 정확히 시작하면 다음 모임에 놀라우리 만치 시간을 지키게 된다. 인도자가 솔선수범하여 시간을 지키지 않으면 신임을 잃기 쉽다.

② 먼저 기도로 시작한다. 시작 기도는 간결하고 단순해야 한다. 성경 공부 시작 기도는 성경 저자인 성령님께 의지하는 간결하고 단순한 기도로 시작되어야 한다(시119:18).

③ 성경본문을 읽는다. 읽는 방법을 다양하게 함으로 모임의 매너리즘(Mannerism)에서 벗어날 수 있다. 돌아가면서 한 절씩 또는 한 회원이 읽기 또는 두절씩 읽기 종종 한 두 번씩은 극적인 장면일 경우 입체적으로 읽는 것도 좋다.

④ 인도자가 본문 공부의 주제에 대하여 간략하게 이야기를 한 다음 한 문제씩 풀어 나간다. 어떤 회원들은 '문제의 핵심을 잘 모르고 변죽을 울리는 경우는 많다. 그 때에는 문제의 핵심 부분에 액센트를 넣어 다시 읽어줌으로써 주의를 주제로 이끌어 올 수 있다.

⑤ 회원들 수준에서 성경본문을 풀어 가도록 애쓴다. 그러나 초보자에게 신학의 난제를 애써 설명하려 한다면 모임은 금방 말쟁이들의 모임이 되어 버리거나 이질감을 느끼는 모임으로 굳어져 버릴 것이다. 그러므로 나는 비록 잘 알고 있을지라도 모르는 입장에서 적절한 질문을 던져 주제에 접근하도록 도와주어, 그들 자신이 움켜잡도록 하면 즐거운 성경 공부 모임이 될 것이다. 그러나 경우에 따라서는 인도자가 명확하게 설명해야 할 부분도 있다. 그러므로 인도자는 기계적으로 문제에 너무 매이지 말고, 융통성을 가지고 진리를 탐구하는 자유로운 분위기를 염두에 두어 확신 있게 인도해 나 갈 때 좋은 결과를 얻게 될 것이다.

⑥ 성경공부 끝날 즈음에서는 인도자가 그 날 공부를 정리해 준다. 그 날 제목과 연관되는 핵심 진리를 강조하고 우리의 삶에 적용하며 끝맺음을 잘해주면, 비록 공부가 산만했을 지라도 공부가 잘 정리된다.

⑦ 끝날 때도 기도로 끝낸다. 대표자가 기도해도 좋고 회원 중 한 분 또는 두 세분의 기도로 끝낼 때, 성경공부가 단지 지식 공부로 끝나지 않고 영혼의 양식을 얻는 공부로 발전하게 된다. 경우에 따라서는 전원 합심 기도하면서 눈물로 통회기도를 할 필요성이 있다. 영혼을 뒤흔드는 눈물어린 기도를 통해 하나님과 막혀있던 영혼들이 돌아오는 경우가 너무너무 많다.

4. 성경공부 끝난 후 신앙적인 상담 또는 교제를 한다.

성경 공부를 너무 길게 갖지 않고, 성경공부 후 교제를 중요시하고 말씀에 기초한 대화나 또는 화음을 맞춰 함께 찬양, 또는 새로운 전도 계획, 또는 사귐의 계획을 세우면 몹시 즐거워하고 좋은 모임으로 성장해 갈 것이다.

5. 성경공부 끝나는 시간을 지킬 때 모임이 더 활발해진다.

몇 문제를 풀다가 약속된 시간이 되어 가면 5분전쯤 인도자가 나머지 문제를 요약 설명해 주고 끝내는 것이 오히려 유익하다. 약속된 시간을 넘어서까지 열심히 공부하면 얻는 것도 있지만,

잃는 것도 많게 된다. 특히 지속적인 모임 갖기가 어려워질 수 있다.

III. 성경공부 인도자의 자세

1. 분명한 목적의식이 있어야 한다.
참석한 모든 분들이 예수님을 인격적으로 만나서 새 생명을 얻도록 힘써야 한다.

2. 활발한 대화가 이루어지도록 힘써야 한다.
인도자가 강의를 하고 너무 아는 체 많이 할 때 회원들은 입을 다물기 시작한다. 회원들이 너무 말이 없으므로 강의식으로 인도하게 되는데, 경우에 따라서는 강의식이 필요할 때도 있다. 참석자 수가 너무 많을 때라든지 참석자가 너무 어린 사람일 때는 하나씩 가르쳐야 할 때도 있다. 그러나 대화가 풍성히 이루어지도록 힘써야 한다.

3. 무감각한 인도자가 되지 않아야 한다.
분위기를 읽지 못하고 인도할 때처럼 본인도 힘들고 옆에서 보기 힘든 경우는 없다. 그러므로 인도자는 회원 전체의 표정을 읽으며, 그들의 이해 여부와 빨리 끝나기를 바라는지, 좀 속도 있게 진행하기를 바라는지를 알아야 한다.

4. 모든 회원을 동참하도록 인도해야 한다.
어떤 경우는 인도자가 대답할 수 있는 것도 다른 분에게 부탁하면 좋다. 그리하여 한 사람도 빠짐없이 전원이 대화에 동참토록 사람들을 끌어들이는 기술을 배우기에 힘써야 한다.

5. 유머 감각을 기르도록 힘써야 한다.

IV. 성경 공부 시 어려운 문제점들

1. 입이 무거운 회원들이 많을 때
① 대화에 조력할 수 있는 사람 한두 분에게 미리 대화에 적극 동참토록 부탁하면 좋다.
② 시사성 있는 화제로 돌렸다가 대화의 분위기를 이룬 다음 공부에 들어가도 좋다.
③ 질문을 바꾸어 그 사람에게 적절히 물어보는 것도 좋은 방법이다.
④ 성경 몇 구절을 읽도록 부탁하는 것도 좋다.

⑤ 대부분 처음 온 분은 분위기를 탐지하고 있는 중이므로, 갑자기 질문을 던지지 말고 적당한 기회에 말할 기회를 만들어 주어야 한다. 질문에 즉시 대답이 안 나오더라도 충분히 기다려야 한다.

⑥ 인도자가 신경질이 나더라도 화내지 말고 인내하여 잘 인도하면 좋아질 수 있다.

⑦ 왜 말이 없는지 잘 분석해 보고 대책을 상의해 봄이 좋다. 그러나 말없는 사람들이 의외로 깊이 듣고 있는 사람도 있다는 것을 알아야 한다.

2. 말이 많은 회원이 있을 때

모임을 완전히 독점하고 엉뚱한 곳으로 이끌고 갈 때 인도자가 구경하고 있으면 안 된다. 얼마만큼 듣고 있다가 "참 재미있는 의견이군요. 다음 기회에 한 번 들어 보기로 합시다. ○○ 님은 어떻게 생각하시지요?" 하고 적당한 곳에서 말을 끊고 전체 회원이 공감하도록 돕는다.

3. 곁가지를 치는 사람이 많을 때, 어려운 질문을 받을 때

너무 묵살하면 인도자의 차가움을 싫어할 것이므로, 간단히 대답할 수 있는 것이면 대답해주고, 중요한 문제이면 기록하면서, "다음에 연구해서 대답해 드리겠습니다"라고 성의를 보인다.

4. 언쟁이 일어날 때

양쪽 의견을 듣게 한 후 성경 말씀으로 주의를 집중시키고 해결될 수 있는 것이면 명확한 대답을 내리고, 해답이 어려운 것은 다음 기회로 일단 미루는 것이 현명하다.

5. 회원이 많을 때

회원이 너무 많으면 모임을 둘로 나누는 것이 좋다. 그러나 우연히 많을 때는 평소처럼 진행하고 새로 온 분에게 관심을 갖는 것이 좋다.

6. 회원이 적을 때

회원이 너무 적으면 만족스러운 그룹 성경 공부가 이루어지지 않는다. 회원을 더 많이 확보하도록 힘쓰고, 일단 나온 분이 중요함으로 단 한 명이 왔을지라도 성심 성의껏 말씀을 공부하면 다음에는 수가 늘어날 것이다.

한의수 목사

전북대 경영학과 졸업
개혁신학연구원 졸업
미국 Knox Thelogical Seminary 목회학 박사(D.Min)
사단법인 기독대학인회(ESF)대표 역임
문흥장로교회 담임목사
광주광신대학교 강사

본문 : 창세기 1장 1절   찬송가 : 13, 31장(새 64, 67)

성경은 하나님께서 인류에게 주신 보배로운 선물입니다. 성경의 핵심 주제 는 무엇입니까? '언약(약속)', '하나님의 나라', '하나님과 하나님 백성과의 관계', '구원' 이라는 여러견해가 있습니다. 그런데 성경 전체를 꿰뚫는 핵심 주제는 '예수 그리스도를 통한 하나님의 인류 구원' 입니다. 금년에는 성경의 핵심 주제를 공부하고자 합니다.

창세기 1장 1절
"태초에 하나님이 천지를 창조하시니라."

▶같이 풀어봅시다.

1. 창세기 1장 1절을 외워 보시오.

*태초에 하나님이 천지를 창조하시니라(In the beginning God created the Heavens and the earth.)

2. 우주의 중심은 누구(무엇)입니까?

*창세기 1장 1절의 주어는 '하나님'. 우주의 중심은 '우주자체' 도 아니고 '사람' 도 아니고 '어떤 세력' 도 아니고 '창조주 하나님' 이심.

3. 우주는 우연의 산물일 뿐입니까? 아니면 누군가가 고안하고 창조한 의미 있는 피조물 입니까?

*우주에는 과학자도 감동할 만한 신비로운 법칙과 질서가 있음. 그 놀라운 신비로운 법칙과 질서가 우연히 생겨날 수 가 없음. 우주에는 놀라운 법칙, 질서, 계획, 조화가 있는데 그것을 설명할 수 있는 유일한 길은 오직 전능자이신 하 나님의 창조뿐임(사 40:26)
*우주가 우연의 산물이라면 인생은 아무 의미도 없음. 하나님께서 우주를 큰 뜻을 가지고 창조하셨으므로 우리 인생 은 의미 있는 존재임.

4. 우주를 주관하고 통치하시는 분은 누구 입니까?

*하나님. 그러므로 역사는 바람 부는 대로 물결치는 대로 흘러가고 있는 것이 아니라 하나님의 크고 높으신 계획대로 이루어져 가고 있음.

메시지

밝은 새해 하나님의 은혜가 충만하시기 바랍니다. 새해에는 성경의 핵심 주제인 하나님의 인류구원을 공부하고자 합니다. 성경 안에는 문학이 있으나 문학서적은 아닙니다. 물론 과학이 들어 있으나 과학책도 아닙니다. 성경은 하나님의 특별 계시를 기록한 책입니다. 하나님의 말씀을 인간의 언어로 기록한 책입니다. 그래서 성경을 해석 할 때는 1차적으로 문법적인 해석이 필요합니다. 그리고 저자가 최초의 독자들에게 주고자 한 뜻이 무엇인지 저자의 입장에서 해석함이 중요합니다. 가장 중요한 것은 성경은 하나님의 인류 구원계시이므로 구속사적 관점에서 해석해야 합니다.

성경은 창조로 시작해서 영광스러운 창조 이야기로 끝납니다(계 21~22장). 그리고 그 가운데 하나님의 인류 구원역사가 기록되어 있습니다. 하나님께서 타락한 인류를 구원하신 역사를 알기 위해서는 타락하기 전의 우주를 알아야 합니다.

우주는 도대체 어떻게 생겨난 것입니까? 어떤 사람들은 우주가 저절로 폭발해서 생겨났다고 말합니다. 우연히 생겨났다고 말합니다. 그러나 그런 주장을 하는 사람들은 최초의 물질의 근원, 생명의 기원, 최초의 에너지의 근원, 신비로운 우주의 법칙 등을 설명하지 못합니다. 그보다도 그들 주장대로라면 인간은 아무 의미도 없는 우연의 존재일 뿐이므로 살 가치가 없는 존재가 되고 맙니다.

하나님의 계시인 성경은 말합니다. 우주는 전능자 하나님께서 창조하신 걸작품이라고 말합니다. 우주의 중심은 '우주 자체' 나 '인간' , '어떤 힘' 이 아니라 완전한 인격체이신 '하나님' 이심을 선포하고 있습니다. 그러므로 우주의 모든 피조물은 창조주 하나님 중심으로 생각하고 활동할 때 제 기능을 발휘 할 수 있습니다. 하나님 중심의 기독교 세계관을 가질 때 가치있는 인생을 살 수 있습니다.

우주는 방향도 목적도 없이 그저 바람 부는 대로 굴러가는 낙엽같은 천체가 아니라 창조주 하나님께서 목적과 계획을 가지고 창조하신 피조물인 것입니다. 모든 역사는 역사배후에 계신 역사의 주관자 하나님께서 그의 뜻대로 방향키를 쥐고 운행하시는 것입니다. 그 결정적인 증거가 바로 하나님의 아들 예수 그리스도께서 이 세상에 오신 것입니다. 이 사실을 깨닫고 인생을 살때 영의 눈이 떠지며, 영적 인생을 살 수 있는 것입니다.

"태초에 하나님이 천지를 창조하시니라"

이 장엄한 하나님의 말씀을 영접하여 위대한 인생을 시작하시기 바랍니다.

▶ 나누어 볼까요?

당신은 하나님 중심적인 세계관을 가지고 있습니까? 운명론과 기독교 신앙은 어떤 차이가 있을까요?

합심기도합시다. ┃ 하나님 중심적인 역사관을 가지고 의미 있는 인생을 살도록

제 2과 빛이 있으라

본문 : 창세기 1장 2~5절   찬송가 : 14, 425장(새 26, 381)

하나님께서는 말씀으로 우주를 창조하셨습니다. 하나님의 권능의 말씀이 떨어지자 그대로 되었습니다. "빛이 있으라!" 말씀하시자 그대로 되었습니다. 밝은 새해를 맞아 권능 있는 하나님의 말씀을 받아 영의 눈이 떠지고, 인격이 변화되고, 능력 있는 삶을 살기 바랍니다.

창세기 1장 3절
"하나님이 이르시되 빛이 있으라 하시니 빛이 있었고"

▶같이 풀어봅시다.

1. 우주를 창조하실 때 땅(우주의 재료)의 상태가 어떠하였습니까(2절)?

* 혼돈(without form): 형태를 갖추지 못한 뒤섞여 있는 상태. 공허(void): 집은 있으나 살 사람이 없음 같이 충만치 못함. 흑암(darkness): 어둠, 생명이 없음.

2. 하나님께서 맨 먼저 무엇을 창조하셨습니까(3절)?

* 빛: 에너지, 열, 광선

3. 하나님께서 무엇으로 우주를 창조하셨습니까(3절)? 하나님의 말씀이 떨어지자 어떻게 되었습니까?

* 말씀으로
* 말씀하신 그대로 되었음. 하나님 말씀에 놀라운 권능이 있어 그대로 됨.

4. 빛은 하나님의 계시, 진리, 구원, 생명 등을 상징합니다. 당신의 영혼 속에 하나님의 빛이 임하였습니까?

18 구속사의 흐름 속에서

메시지

하나님은 말씀으로 우주를 창조하셨습니다. "빛이 있으라!" 하시매 말씀하신 그대로 빛이 있었습니다. 그 빛이 하나님 보시기에 좋았습니다. 빛과 어둠을 나누사 빛을 낮이라 칭하시고 밤을 어둠이라 칭하셨습니다.

하나님은 말씀으로 우주를 창조하셨습니다. 또한 하나님은 약속의 말씀을 믿게 하시어 그 말씀으로 구속 역사를 이루어 가십니다. 하나님께서는 말씀에 권능이 있음을 천지 창조 사건을 통하여 보여 주셨습니다. 그래서 하나님의 말씀은 곧 그대로 이루어지는 사실과 같음을 보여주셨습니다. 하나님의 말씀은 권능이 있고 조금도 틀림이 없음으로 절대적으로 신뢰할 수 있습니다. 하나님의 약속의 말씀을 믿고 순종하는 곳에 하나님의 통치가 임합니다.

"여호와의 말씀으로 하늘이 지음이 되었으며 그 만상을 그의 입 기운으로 이루었도다 그가 바닷물을 무더기 같이 쌓으시며 깊은 물을 곳간에 두시도다 온 땅은 여호와를 두려워하며 세상의 모든 거민들은 그를 경외할지어다 그가 말씀하시매 이루어졌으며 그가 명령하시매 견고히 섰도다" (시 33:6~9)

하나님은 말씀으로 우주를 창조하셨습니다. 하나님은 말씀으로 구속역사를 이루어 가십니다. 창조와 구속이 다 하나님 말씀으로 이루어집니다. 하나님은 약속하신 바를 신실하게 이루어 가십니다. 하나님 말씀의 신실성은 모든 신앙의 기초가 됩니다.

하나님께서는 오늘날도 그 동일한 말씀으로 영혼을 거듭나게 하십니다. 그 말씀으로 하나님의 백성을 창조하십니다. "빛이 있으라!" 는 말씀으로 허물과 죄로 죽은 영혼에게 생명을 부여하십니다. 죽음에서 생명으로 옮기십니다. 죄와 사망의 포로가 되어 허무하게 살아가는 인생들을 거룩한 하나님의 백성으로 불러내십니다. "빛이 있으라!" 는 말씀을 믿음으로 영접하여 신령한 하나님의 은혜가 가득하기를 바랍니다.

▶ 나누어 볼까요?

당신 영혼 속에 하나님의 빛이 임한 때는 언제였습니까? 당신은 지금도 기록된 성경 말씀을 통하여 말씀하고 계시는 하나님의 음성을 듣고 있습니까?

합심기도합시다.	성경 말씀을 통해 하나님 음성을 듣도록

제 3과 하나님 형상대로 창조된 인간

본문 : 창세기 1장 26~30절   찬송가 : 499, 204장(새 442, 288)

우주 창조의 하일라이트는 인간 창조였습니다. 인간 창조로 우주 창조는 완성됩니다. 인간은 특별한 존재로 창조 되었습니다. 창조주 하나님과 피조물 우주 사이에 중보자 역할을 맡은 특별한 존재로 창조되었습니다.

창세기 1장 26절

"하나님이 이르시되 우리의 형상을 따라 우리의 모양대로 우리가 사람을 만들고 그들로 바다의 고기와 공중의 새와 가축과 온 땅과 땅에 기는 모든 것을 다스리게 하자 하시고"

▶같이 풀어봅시다.

1. 사람은 우주 창조 가운데 며칠째 창조 되었습니까?

2. 우주의 통치자이신 하나님께서는 우주 창조를 완성할 무렵 무슨 계획을 세우셨습니까(26절)?

* 우리 : 삼위일체 하나님. 성부(1절), 성령(2절), 성자(요 1:2,3)
* 우리의 형상, 우리의 모양: '형상' 은 구체적인 닮음, '모양' 은 추상적인 유사성으로 영적 도덕적인 본성으로 구분하기도 함. 그러나 두 단어는 같은 뜻을 가진 말임. 하나님은 영이시므로 외적 모양이 없으므로 '하나님의 형상' 이란 하나님과 교제할 수 있는 영을 말함. 즉 지, 정, 의를 가진 하나님의 인격 구조를 모델로 하나님과 교제할 수 있는 영적 존재로 창조되었음을 강조한 말임.

3. 하나님 형상대로 창조된 인간은 무슨 사명을 받았습니까(28절)?

4. 인간과 동물은 어떻게 다릅니까?

5. 우주에서 인간은 어떤 위치를 갖고 있습니까?

메시지

성경의 주된 관심은 우주에서 인간에 집중됩니다. 왜 그렇게 인간이 하나님의 인류 구원 역사에서 중요한 위치를 차지하는 것입니까? 하나님께서 인간을 지극히 총애하시고 특별한 존재로 창조해 주셨기 때문입니다. 하나님께서는 인간에게 놀라운 특권을 주셨습니다. 하나님은 인간에 대한 기대가 매우 크셨습니다. 그래서 인간에 큰 특권과 책임을 부여하셨습니다.

우주에서 인간은 어떤 위치에 있습니까? 하나님과 우주 사이의 교량 역할입니다. 위로는 하나님을 섬기며 아래로는 만물을 다스리는 위치에 서 있는 것입니다. 즉 인간은 하나님의 대리자요, 우주의 대표자입니다. 인간은 하나님을 대신하여 우주를 다스리는 특권과 사명을 받았습니다. 사람은 하나님의 뜻을 받들어 우주의 통치자 사명을 감당해야 하는 것입니다. 또한 인간은 우주를 대표하여 창조주 하나님께 경배를 드리며 하나님을 영화롭게 해드리는 축복과 사명을 받았습니다.

하나님의 대리자와 우주의 대표자 사명을 감당하도록 인간은 하나님의 형상대로 창조된 것입니다. '하나님의 형상대로'는 물론 육체의 겉모양이 아닙니다. 하나님은 영이시므로 '하나님 형상'이란 하나님과 교제할 수 있는 영을 말합니다. 생각하고 감정을 가지며 의지를 가진 인격체를 가리킵니다. 인간은 타락하기 전 하나님에 대한 참 지식을 가지고 있었으며, 하나님과 가까이 할 수 있는 거룩함과 의로움을 가지고 있었습니다. 참으로 인간은 모든 피조물 가운데 매우 영광스러운 존재로 창조되었습니다. 하나님께서는 영을 가진 인간에게 의사소통을 할 수 있는 언어를 주셨으며, 서로 사랑하며 인격적 교제를 나눌 수 있는 인격을 주셨고, 세상만물을 통치할 수 있는 지혜와 능력을 부여하셨습니다. 하나님께서 가지고 계신 특성들을 닮아 창조하여 주셨습니다.

그러므로 '하나님 형상'대로 창조된 인간은 창조주께 대한 책임성(창 1:28, 2:16~17)과 하나님의 왕 되심과 위엄을 닮은 인간의 존엄성과 통치 능력과 지혜를 받게 된 것입니다. 한낱 진흙덩이에 불과한 인간에게 어찌하여 이런 영광을 안겨주시는지 눈물로 감격하게 됩니다. 영적무지에서 벗어나 하나님의 이 영광스러운 은혜와 사랑을 깨달을 때 하나님의 그 크신 사랑 앞에 그저 감사하고 그저 찬양을 올리게 됩니다.

> "영광의 하나님, 티끌 같은 미물에게 이런 엄청난 영광을 주시니 그저 감사합니다. 할렐루야!"

▶ **나누어 볼까요?**

사람은 단지 동물에 불과합니까? 동물 이상의 독특한 존재입니까? 인간이 받은 복을 나열해 보시오.

합심기도합시다.   하나님의 형상을 회복하여 하나님께 영광 돌리는 인간성 회복운동을 위하여

우주 창조 목적

본문 : 창세기 1장 31절~2장 3절   찬송가 : 415, 57장(새 292, 43)

우주는 우연히 꽝 폭발하여 생겨난 것이 아님을 이미 공부하였습니다. 우주는 무질서하게 늘어져 있는 우연의 산물이 아니라 감탄할만한 신비의 법칙이 가득 찬 매우 정교한 천체입니다. 작은 시계도 다 목적이 있는데 우주에는 어떤 목적이 있음이 분명합니다. 우주의 목적이 무엇입니까?

창세기 2장 3절

"하나님이 그 일곱째 날을 복되게 하사 거룩하게 하셨으니 이는 하나님이 그 창조하시며 만드시던 모든 일을 마치시고 그 날에 안식하셨음이니라"

▶같이 풀어봅시다.

1. 6일 창조를 마친 하나님의 소감이 무엇이었습니까(31절)? 하나님의 소감을 통해 볼 때 하나님의 우주 창조 목적이 무엇입니까(사 43:7)?

2. 6일 창조로 우주가 완성되었는데 왜 제 7일이 필요했을까요?

* 6일 창조로 우주가 완성되었음에도 불구하고 7일째 특별한 날을 만들어 안식하심은 매우 깊은 뜻이 숨겨 있음. 모든 피조물로 하여금 창조 목적을 밝히시며 창조주 하나님을 기억하고 경배하게 하려는 뜻이 담겨 있음. 하나님을 떠나면 피조물은 죽음이요 헛것이 되고 말기에 인간을 위한 하나님의 사랑으로 안식일이 만들어졌음.

3. 하나님께서 제 7일에 무엇을 하셨습니까(1, 2절)? 하나님의 안식이란 무엇입니까?

* 하나님의 안식은 인간의 안식과 다름. 피곤해서 쉬신 것이 아니라 모든 일을 계획대로 완성한 후 기쁨과 만족 속에 휴식을 취하시고 즐거워하심.

4. 하나님께서 안식일을 어떻게 하셨습니까(3절)?

* '복되게', '거룩하게 하심'. 일곱째 날을 특별한 날로 만드심. 창조주 하나님께 경배 드리며 하나님과의 성스러운 교제, 하나님과의 관계를 새롭게 하며, 복을 받고 거룩해 지는 날임.

5. 우주 창조의 목적이 무엇이라 생각하십니까?

메시지

　사람이 만든 모든 물건에는 만든 목적이 있습니다. 볼펜, 시계, 컴퓨터, 자동차 등 모든 물건에 제작자의 목적이 있습니다. 하물며 신비롭기 짝이 없는 우주, 엄청난 법칙 속에서 질서 있게 운행하는 우주에는 창조주의 목적이 있습니다. 질서와 조화 속에 운행되고 있는 우주에 아무 목적도 없다고 생각하는 것은 고의적인 지적 자살행위입니다.

　성경은 우주의 목적을 시원하게 밝혀줍니다.

"하나님이 지으신 그 모든 것을 보시니 보시기에 심히 좋았더라 저녁이 되고 아침이
되니 이는 여섯째 날이니라"(창 1:31)

　우주는 인간의 만족을 위해 만들어진 것이 아니라 창조주 하나님의 영광을 위해 만들어졌습니다. 우주의 왕은 하나님이십니다. 하나님은 우주 창조를 통해 하나님의 왕국을 만드신 것입니다. 모든 피조물은 우주의 왕이신 창조주 하나님과 긴밀한 관계 속에서 하나님의 은혜를 받으며 생명을 유지하도록 창조되었습니다. 우주의 창조목적이 더욱 극명하게 나타난 것은 안식일입니다. 하나님께서는 6일 동안 창조 사역을 마치신 후 제 7일을 특별한 날로 삼으신 것입니다. 하나님은 제 7일에 안식하셨습니다. 하나님은 육체가 없으신 영이시므로 피곤하여 쉬신 것이 아닙니다. 하나님의 계획대로 우주 창조를 완성하신 후 기쁨과 만족 속에 즐거워하며 휴식을 취하신 것입니다. 그리고 이 날을 복되고 거룩하게 하셨습니다. 즉 모든 피조물이 하나님과의 특별한 관계를 유지하도록 복되고 거룩한 날을 제정하신 것입니다. 이날은 하나님을 창조주로 높이 받들고 영광 돌리는 날입니다. 하나님께서는 영광을 받으시고 모든 피조물들에게 은혜와 사랑을 베푸십니다. 인간은 안식일에 하나님께 경배 드리며 하나님의 은총을 받고 기쁨과 만족을 얻습니다. 안식일로 말미암아 우주가 하나님의 영광을 위해 창조되었음이 더욱 분명히 밝혀졌습니다.

　인간은 이 우주 창조 목적을 달성하기 위해 특별히 창조된 피조물입니다. 우주의 대표자로 하나님께 영광 돌리고 하나님의 뜻을 받아 우주를 통치하는 하나님의 대리자로 살 때 인간은 존재 가치를 발견하게 됩니다. 그러므로 인간은 하나님과의 생명의 관계 속에 존재 이유가 있고 존재 가치가 있는 것입니다. 하나님을 진정 사랑하고 참 행복을 찾으시기 바랍니다.

▶ 나누어 볼까요?

우주의 존재 목적이 무엇입니까? 인간의 존재 목적이 무엇입니까?

합심기도합시다. │ 하나님께 영광 돌리는 삶을 살도록

본문 : 창세기 2장 15~17절   찬송가 : 463, 395장(새 400, 342)

하나님께서는 에덴동산에 특수한 두 나무를 만드셨습니다. 생명나무와 선악과입니다. 하나님의 인류구원의 거대한 역사를 알기 위해서는 이 두 나무를 지으신 하나님의 뜻을 알아야 합니다. 많은 사람들이 지식의 부족으로 선악과를 오해하고 있습니다. 선악과의 참 뜻이 무엇입니까?

창세기 2장 16,17절

"여호와 하나님이 그 사람에게 명하여 이르시되 동산 각종 나무의 실과는 네가 임의로 먹되 선악을 알게 하는 나무의 열매는 먹지 말라 네가 먹는 날에는 반드시 죽으리라 하시니라"

▶같이 풀어봅시다.

1. 하나님께서 에덴동산 가운데에 무슨 특수한 나무를 만드셨습니까(9절)?

* 생명나무와 선악을 알게 하는 나무

2. 그 나무들은 무슨 특징 있는 나무입니까?

* 생명나무 열매는 영생을 얻게 함(계 2:7, 22:2, 14).
* 선악을 알게 하는 나무 열매는 선악의 지식을 얻게 함(3:22).

3. 하나님께서 아담에게 에덴 통치의 왕권을 주시면서 무슨 특권과 금지 명령과 경고를 주셨습니까(15~17절)?

* 특권 : 에덴동산의 각종 나무의 열매는 임의로(마음대로) 먹을 권리.
* 금지 명령 : 선악을 알게 하는 나무의 열매는 먹지 말라.
* 경고 : 네가 먹는 날에는 반드시 죽으리라.

4. 선악과를 먹지 말라는 하나님의 명령에 무슨 뜻이 담겨 있습니까?

* 작은 피조물에 불과한 인간에게 하나님께서는 엄청난 특권 곧 우주 통치의 왕권을 주심. 그 왕권을 사용함에는 하나님 명령에 순종함의 범위 안에서 사용해야 함을 일깨우신 것임. 그러므로 선악과는 인간의 지위를 밝혀주는 말씀. 선악과는 창조주 하나님과 인간 사이의 질서 명령임.

메시지

많은 사람들이 선악과에 대해 오해를 하고 있습니다. 불신자들에게 전도하다보면 여러 말을 듣습니다. "선악과가 인류 불행의 씨앗 아닌가요?", "하나님은 뭐하러 선악과를 만드셨답니까?", "하나님께서는 언제는 선악과를 만들어 놓고 언제는 따먹지 말라 하신 답니까?", "하나님께서 선악과를 만들어 놓으시고 약주고 병 준 것 아닙니까?" 이런 모든 말들은 선악과에 대한 무지에서 나온 말들입니다. 또한 배후에서 사탄이 조종한 말들입니다.

선악과는 인간의 불행을 위해서 만들어진 것이 아니라 인간의 참 행복을 위해 만들어진 것입니다. 인간을 인간답게 하고 인간의 본연의 사명을 잘 감당하게 하기 위하여 만들어진 것입니다. 인간은 하나님의 피조물 가운데 가장 영광스럽게 창조된 피조물입니다. 똑같은 피조물이면서도 모든 피조물을 통치하는 왕으로 창조된 자입니다. '하나님의 대리자', '우주의 대표자'로 창조되었습니다. 인간보다 더 힘이 센 피조물도 많고 인간보다 더 사나운 피조물도 많고 인간보다 더 빠르고 날쌘 피조물도 많습니다. 그런데 인간이 그 모든 피조물들을 어거하고 통치할 수 있는 이유는 무엇입니까? 우주의 왕이신 하나님께서 인간을 임명받은 우주의 통치자로 세우셨기 때문입니다. 그 통치권을 행사하도록 영혼을 주신 것입니다. 인간은 자기 체구와 능력에 비해 과분한 복을 받았습니다. 인간은 임명받은 통치자로서 사명을 완수하기 위해서는 임명권자와의 바른 관계와 긴밀한 연락이 필수적입니다. 바로 그 임명권자와의 질서와 긴밀한 연락을 위하여 어떤 무슨 연결고리가 필요하였습니다. 하나님께서는 동산 중앙에 있는 지식 나무를 활용하셨습니다. 동산 중앙에 있기에 늘 볼 수 있어서 하나님의 명령을 늘 생각할 수 있게 하였습니다.

선악과 열매를 먹지 말라는 하나님의 뜻은 이러합니다. "인간 아담, 너는 이제부터 우주를 통치하는 임명받은 왕이다. 그러나 네 위에 우주의 왕인 하나님이 계시다는 것을 잊지 말아라. 너는 항상 하나님 안에서 행동해야한다. 임명권자인 하나님을 떠나면 너의 존재 의미는 없어지고 마는 것이다. 임명권자의 뜻 안에서 행동하라. 그것을 어기면 너의 지위를 상실하고 말 것이다." 그러므로 선악과는 인간의 갈 길을 밝혀주는 등대와 같은 것입니다. 만일 인간이 하나님 말씀에 순종하였다면 언젠가는 하나님께서 그 지식의 열매도 주셔서 인간을 복되게 하셨으리라 상상해 볼 수 있습니다. 선악과 자체에 무슨 잘못이 있는 것이 아닙니다. 그것을 먹지 못하도록 하는 하나님 말씀에 잘못이 있는 것도 아닙니다. 도리어 인간을 인간답게 하고 그의 지위를 보장하고 인도하는 영혼의 등대였습니다. 선악과는 하나님을 의지하게 하고 하나님을 더욱 사랑하며 하나님의 도움을 받게 하는 하나님과 인간의 연결고리였습니다.

▶ **나누어 볼까요?**

당신은 당신에게 직분을 주신 하나님과 잘 교통하며 그의 뜻을 받들어 섬기고 있습니까?

합심기도합시다.   임명권자의 뜻을 잘 파악하여 그 뜻에 순종하도록

죄의 시작

본문 : 창세기 3장 1~21절   찬송가 : 205, 417장(새 287, 295)

하나님께서 창조하신 아름다운 세상에 어떻게 죄와 악이 시작되었을까? 죄의 시작에 대하여 인류는 수없는 질문을 해 왔습니다. 그러나 그 누구도 이 문제에 답을 주지 못하였습니다. 그런데 하나님의 계시인 성경에 죄의 시작에 대하여 가르쳐 주고 있습니다.

창세기 3장 1절

"그런데 뱀은 여호와 하나님이 지으신 들짐승 중에 가장 간교하니라 뱀이 여자에게 물어 이르되 하나님이 참으로 동산 모든 나무의 열매를 먹지 말라 하시더냐"

▶같이 풀어봅시다.

1. 하나님께서 금하신 선악과를 아담이 어떻게 따먹게 되었습니까(1~6절)?

* 뱀(사탄)의 유혹, 하나님 말씀에 대한 이해부족, 하나님 말씀을 의심, 사탄의 거짓말, 인간의 불순종, 인간의 '하나님과 같이 되고자 한 교만' ,즉 하나님 없이 자기가 하나님처럼 살고자 한 반역으로 선악과를 따먹음.

2. 선악과를 따먹은 결과 어떻게 되었습니까(7~12절)?

* 하나님과 좋은 관계에 금이 감(8절). 하나님과 관계 단절.
* 참 자아 상실(10절)
* 이웃과의 관계 악화(12절)

3. 뱀, 여자, 아담이 무슨 벌을 받았습니까(13~19절)?

* 뱀은 가장 저주스런 동물이 됨. 사람과 철천지원수가 됨. 결국 멸망 받음.
* 여자는 임신의 고통, 남편의 지배를 받음.
* 아담은 노동이 저주가 되는 고통, 생존에 시달린 고통, 죽음의 지배를 받음.

4. 아담이 발견한 희망은 무엇입니까(15, 20, 21절)?

* 15절의 하나님의 인류 구원의 희망을 발견.
* 여자의 이름을 하와(생명, 우리는 살았다는 뜻)로 이름 지음.
* 하나님께서 믿음의 아담과 하와에게 보호, 사랑의 가죽옷을 지어입힘.

메시지

"아름답고 선한 하나님의 세계에 어떻게 죄악이 시작 되었을까?" 어떤 사람은 성선설(性善說)을 주장합니다. 원래 인간은 선하였는데 살다보니 악해졌다는 것입니다. 그래서 "자연으로 돌아가라!"고 부르짖습니다. 반대로 어떤 사람들은 성악설(性惡說)을 주장합니다. 인간은 원래 본성이 악하므로 가르치고 두드려 바로잡아 주어야 한다고 주장합니다.

성경은 원래 하나님께서 창조하신 선한 인간이었는데 인류의 조상이 하나님 말씀에 불순종하고 반역하여 죄가 심어져 유전됨으로 인간 안에는 선과 악이 공존한다고 말합니다 (롬 7:21).

인간의 죄 문제를 해결하기 위해서는 죄의 시작을 알아야 합니다. 죄의 시작을 알아야 인간악의 근본 실체를 규명하고 해결할 수 있습니다.

1. 원래 인간은 선하게 창조되었으므로 인간은 완전한 선으로 회복될 수 있는 길이 있다.
2. 인간의 생명은 하나님과의 올바른 관계인데 이것이 파괴됨으로 죄가 시작되었다. 그러므로 인간악의 해결은 근본적으로 하나님과의 관계 회복에 있다.
3. 인간 죄의 시작은 하나님 말씀의 불명확한 이해와 하나님 말씀의 의심과 하나님 말씀에 불순종으로 부터였다.
4. 죄의 본질은 하나님으로부터의 이탈, 하나님께 대한 반역이다.
5. 죄의 근본적 해결은 하나님과 화목, 하나님께 기쁨의 순종이다.
6. 하나님께서는 반역한 인간을 없애버리지 아니하시고 찾으시고, 책망하시고, 벌을 주시고, 회개하고 믿음을 가질 때 상을 베푸심으로 인류 구속의 길을 만들고 계셨음을 알 수 있다.
7. 선악과는 하나님과 인간 사이의 질서 명령이었고, 죄는 질서 파괴였으므로, 죄의 해결은 하나님과의 질서 회복에 있다.

그러므로 하나님께서 인간에게 고통과 고독을 주심은 인간에게 자기반성과 회개와 믿음의 기회를 주신 것입니다. 아담은 하나님의 무서운 책망과 징벌 속에서도 인류 구원과 회복의 뜻을 발견하고 "여자 당신 때문에 우리는 살았소. 당신 이름을 하와(생명)라 부르겠소."하며 하나님에 대한 신앙고백을 하였습니다. 하나님께서는 또 다른 생명의 희생으로 얻은 가죽옷으로 아담과 하와를 새 옷으로 입혀주셨습니다. 이는 장차 그리스도의 피의 공로로 믿는 자에게 의의 옷을 입혀 주시려는 깊은 뜻이 숨어 있습니다.

▶ **나누어 볼까요?**

내 마음 속에 깊이 박힌 죄의 뿌리를 어떻게 뽑을 수 있습니까?

합심기도합시다.	그리스도의 십자가 보혈로 하나님과 깊은 화목을 이루도록

죄의 성장

본문 : 창세기 4장 1~24절   찬송가 : 415, 336장(새 292, 278)

아담이 하나님 말씀에 불순종하여 선악과를 따먹음으로 죄가 시작되었습니다. 한 사람으로 시작된 죄는 무섭게 퍼져 나갔습니다. 아들 가인이 동생 아벨을 죽이고 말았습니다. 가인의 후손들은 하나님을 떠나 더 큰 죄를 지었습니다. 그리하여 아름다운 우주에 죄가 가득하게 되었습니다.

창세기 4장 7절

"네가 선을 행하면 어찌 낯을 들지 못하겠느냐 선을 행하지 아니하면 죄가 문에 엎드려 있느니라 죄가 너를 원하나 너는 죄를 다스릴지니라"

▶같이 풀어봅시다.

1. 아담이 낳은 자녀는 누구입니까? 그들의 직업이 무엇이었습니까(1, 2절)?

2. 가인의 불만은 무엇이었으며(3~5절), 하나님께서는 그에게 무슨 말씀을 주셨습니까(6~7절)?

* 하나님께서 동생의 제물은 받고, 자기 제물은 받지 아니하심. 그것은 하나님의 고유 주권임. 하나님께서 자기 제사를 받지 않으심에 불만을 품고 안색이 변함.
* 죄가 문에 엎드려 있다는 것은 마치 사나운 짐승이 먹잇감을 노리는 것처럼 죄가 기다리고 있다는 것.

3. 가인이 무슨 죄를 저질렀으며(8절), 무슨 벌을 받았습니까(9~15절)?

* 하나님 주권에 대한 불복죄, 살인죄. 벌은 땅의 저주, 농사짓지 못함. 떠돌이.
* 나를 만나는 자(14절)는 이미 존재하거나 앞으로 존재할 아담의 후손들. 5:4, 5 말씀을 생각해 보면 아담의 후손이 많이 있었으며, 그들은 아벨의 친척임.

4. 가인의 자손들은 무슨 문명을 발달시켰으며, 죄를 회개하였습니까(16~24절)?

* 축성, 목축업, 음악, 기계공업, 시문학
* 라멕의 시에는 음란, 폭력, 살인의 광기가 보이고 복수의 칼을 품고 있음이 보임.

메시지

아담과 하와는 아들을 낳고 이름을 가인(내가 여호와로 말미암아 아들을 낳았다는 뜻으로 득남)으로 이름을 지었습니다. 이는 창세기 3장 15절의 하나님 말씀을 기억하고 여자의 후손에 기대를 걸고 있음을 알 수 있습니다. 그런데 둘째 이름은 아벨(허무)라고 지은 것을 보아서 가인에게 무척 실망하고 있었음을 알 수 있습니다. 가인과 아벨이 여호와께 제사를 드렸던 것을 보면 아담은 하나님의 뜻에 따라 자녀들에게 제사(예배) 교육을 시켰음이 분명합니다. 히브리서 11:4 말씀을 보면 아벨은 믿음으로 예배를 드렸으며 가인은 그렇지 못하였습니다. 믿음은 순종입니다. 창세기 3:21, 4:7, 레위기 17:11을 통해볼 때 속죄를 위한 피의 제사를 드려야 했는데 가인은 불순종하고 아벨은 순종하였습니다. 가인은 자기가 선을 행치 못하였음을 반성해야 했는데 도리어 분을 의로운 아벨에게 쏟아 살인을 저지르고 말았습니다.

한 사람으로 시작된 죄는 무섭게 퍼져 나갔습니다. 인류의 조상 아담이 하나님 말씀에 불순종하고 반역한 죄는 바로 그의 아들 가인에게 전이 되었습니다. 가인은 동생을 시기하였습니다. 자기 부족한 것을 반성하지 아니하고 도리어 분을 품고 동생을 미워하였습니다. 그리고 기회가 오자 동생을 죽여 버렸습니다. 최초의 살인이 일어났습니다. 그리하여 가인은 "하나님을 떠나 유리방황하는 인생" 의 표상이 되고 말았습니다.

그리고 그의 후손들은 삶의 고통과 고독을 극복하려고 성을 쌓았습니다. 이는 하나님을 떠나 자기 아성을 쌓고 하나님의 통치를 거부하는 죄인의 특징을 여실하게 보여줍니다. 또한 삶의 고통과 고독을 이기려고 문명을 발달시켰습니다. 축성 기술, 목축업, 기계문명, 음악 예술, 시문학 등으로 마음의 공허함을 달래고자 노력하였습니다. 원래 문화 문명은 하나님의 뜻이었습니다(창 1:28). 그러나 죄악된 인간들은 하나님께 영광 돌리는 문화문명을 발달시키지 아니하고 하나님을 제외시킨 문화문명을 발전시켰습니다. 그들의 문화문명의 본질은 음란, 폭력, 살인, 복수 등과 같은 불의였습니다.

이러한 인류의 흉악함에도 불구하고 하나님께서는 일반은총으로 그들을 죽지 않도록 보호하시며(창 4:15) 살려두셨습니다. 그리고 하나님을 경외하는 의로운 사람들을 일으키셨습니다. 창세기 5장에 나오는 사람들은 모두 하나님을 경외하는 경건한 사람들입니다. 셋의 후예들은 가인의 후예들과는 전혀 달랐습니다. 하나님 이름을 부르며 공적 예배를 드리기 시작한 에노스, 하나님과 동행하였던 에녹, 인류에게 희망을 주고 안위를 주었던 노아와 같이 하나님을 경외하였습니다. 인류역사는 이와 같이 죄를 즐기는 불의의 사람들과 하나님을 경외하는 의로운 사람들 두 부류로 나눠지게 되었습니다.

▶ 나누어 볼까요?

당신은 불의의 사람, 의로운 사람 중에 어느 대열에 끼여 살고 있습니까?

합심기도합시다.　하나님을 경외하며 영광 돌리는 경건 문화를 발전시키도록

제 8과 홍수 심판

본문 : 창세기 6장 1~22절   찬송가 : 338, 168장(새 280, 180)

인류 구속 역사는 인간의 죄와 하나님의 은혜 두 물줄기로 흘러갑니다. 인간의 죄를 생각하면 당장 멸망 받을 수밖에 없지만 하나님의 은혜로 구원의 희망이 이어져가고 있습니다. 그런데 위기가 닥쳐온 것입니다. 하나님의 희망이었던 경건한 사람들이 불의한 사람들에게 섞이어 타락하고 만 것입니다. 그래서 하나님은 홍수심판을 하셨습니다.

창세기 6장 13절

"하나님이 노아에게 이르시되 모든 혈육 있는 자의 포악함이 땅에 가득하므로 그 끝 날이 내 앞에 이르렀으니 내가 그들을 땅과 함께 멸하리라"

▶같이 풀어봅시다.

1. 경건한 사람들이 왜 타락하게 되었습니까(1, 2, 5, 11, 12절)?

* 하나님의 아들들은 경건한 셋의 후예, 사람의 딸들은 가인의 후예를 가리킴.
* 경건한 하나님의 사람들이 부도덕하고 불의한 가인의 딸들의 유혹에 넘어가 성적 타락에 빠짐. 폭력, 성적타락이 극에 달함(2, 5, 11, 12절).

2. 하나님께서 인류를 타락과 멸망에서 보존하시려고 무슨 중대 결심을 하십니까(3~7절)?

* '그들이 육신이 됨이라' (3절)는 단순한 몸이 아닌 하나님 형상을 잃어버린 타락한 육체임. '그들의 날은 백이십 년' (3절)은 심판을 당장 실행치 아니하고 120년 후로 유예시킴을 말함. 또한 홍수 심판 후 수명이 급격히 감소함을 볼 때 수명과도 관련된 말씀임.
* 한계를 넘어버린 타락한 인류를 방치할 수 없기에 홍수심판을 계획하심. 피조물의 우두머리인 인간이 처벌을 받으므로 혈육 있는 피조물도 처벌을 받음.

3. 홍수 심판 중에도 하나님의 은혜가 어떻게 나타났습니까(8~22절)?

* 죄에 물들지 않은 노아(8, 9절)와 그의 가족을 구원하시고(18절) 혈육 있는 모든 생물들을 보존할 방주를 짓게 하심(19~21절).

4. 노아는 하나님 말씀에 어떤 반응을 보였습니까(22절)?

메시지

하나님의 인류 구속사에 현저한 특징은 인간의 죄와 하나님의 은혜의 두 물줄기입니다. 하나님 통치에 대한 인간의 반역이 인간 범죄의 본질인데 이 죄가 사라지지 않고 계속 나타납니다. 이러한 죄악된 인간을 멸절시켜버려야 마땅함에도 불구하고 하나님께서는 은혜를 베푸십니다. 인간을 구원하시고자 하는 하나님의 노력은 참으로 놀랍습니다. 구원의 약속을 주시고 인간을 보호하십니다.

그럼에도 불구하고 인간은 또 하나님을 크게 실망시키고 맙니다. 경건한 사람들인 셋의 후예는 하나님의 기쁨이었고 인류의 희망이었습니다. 그런데 이 희망이 깨어지고 말았습니다. 경건한 하나님의 아들들이 가인의 후손인 사람의 딸들의 외모와 성적 유혹에 빠져 그들과 혼합되어버렸습니다. 간신히 보관하여둔 씨감자마저 썩어 곪아버리고 만 것입니다. 이제 마지막 남은 씨감자 하나 남았는데 그것마저 썩도록 방치해 둘 수는 없었습니다. 그래서 하나님께서는 홍수심판을 계획하신 것입니다.

인간이 유혹에 빠져 부패한 근본적인 이유는 육체의 욕망이었습니다. 그 작은 육체의 욕망에 빠져 그 큰 하나님의 형상을 잃어버리고 타락한 육신 덩어리가 되어버리는 모습에 하나님의 슬픔과 분노는 매우 컸습니다. 그까짓 육체의 욕망이 그리도 크던가? 하나님께서는 육체의 욕망을 벌하시기 위해 육체를 가진 인간들뿐 아니라 혈육 있는 모든 생물들까지도 물로 씻어버리셨습니다. 더러운 것들을 물로 씻어버리듯 거대한 홍수로 육체 가진 것들을 모조리 씻어버리신 것입니다. 하나님의 홍수심판은 단순한 징벌이 아니라 우주를 성결하게 보존하시겠다는 결연한 의지의 표현입니다. 또한 장차 우주의 종말에 최후심판이 있음을 확실하게 보여주는 무서운 경고입니다.

오늘날 하나님의 백성들은 불의한 죄인들 틈에 섞이어 살고 있습니다. 또한 육체의 욕망을 자극하는 죄가 극성을 부리고 있습니다. 어리석게도 그 작은 육체의 욕망 때문에 신세를 망치는 사람들이 많습니다. 그러므로 현대인들은 특히 오늘 이 말씀들을 가슴에 새기고 나에 대한 무서운 하나님의 경고로 받아야겠습니다. 온 세상이 썩을 대로 썩을지라도 '나는 하나님을 경외하며 주의 길을 가리라.'는 심정으로 살며 인류를 구원코자 하시는 하나님의 뜻을 이뤄 가시기를 바랍니다.

▶ **나누어 볼까요?**

왜 이 세상에 죄가 가득할까요? 어떻게 죄 문제를 해결할 수 있을까요?

합심기도합시다.	죄 많은 세상에 노아처럼 하나님 말씀에 순종하며 살도록

바벨탑 사건

본문 : 창세기 11장 1~9절   찬송가 : 410, 262장(새 310, 523)

아담이 선악과를 따먹음으로 시작된 인간의 죄는 무서운 홍수심판을 맞게 되었습니다. 그런데도 그 죄는 없어져 버리지 아니하고 계속 독버섯처럼 자라나 바벨탑 사건에서 최고조에 이릅니다. 도대체 바벨탑 사건이란 무엇입니까?

창세기 11장 6절

"그러므로 그 이름을 바벨이라 하니 이는 여호와께서 거기서 온 땅의 언어를 혼잡하게 하셨음이니라 여호와께서 거기서 그들을 온 지면에 흩으셨더라"

▶같이 풀어봅시다.

1. 바벨탑을 쌓은 곳이 어디였습니까(2절)?

* 동방 시날 평지(2절) : 유프라테스 강과 티그리스 강 사이의 하류 지역.

2. 바벨탑을 쌓은 지도자는 누구였습니까(창 10:8~12)?

3. 바벨탑을 쌓은 목적이 무엇이었습니까(3, 4절)?

* "자, 꼭대기를 하늘에 닿게 하지!", "자, 우리 이름을 내자!", "자, 우리 흩어짐을 면하자!"
* 홍수심판에도 끄떡없는 견고한 성읍과 탑을 건설하여 하나님 없는 제국주의 건설. 우리 이름을 내고, 흩어짐을 면하고, 자기 단결을 위해 건설함.

4. 하나님은 어리석은 인간들의 계획을 어떻게 무너뜨리셨습니까(5~9절)?

* 언어를 혼잡하게 하심. 사상의 불일치, 의사소통의 장애로 그들의 단결을 와해하심.

메시지

　　인간은 하나님의 대리자요, 우주의 대표자로 창조되었습니다. 그리하여 인간의 생명은 하나님과의 긴밀한 관계입니다. 그러므로 인간은 하나님을 절대적으로 의존해야 하는 존재입니다. 하나님을 의지할 때 인간성은 말살되는 것이 아니라 더 아름답고 더 의로워지며 더 강해지는 것입니다. 더욱 인간다워지는 것입니다. 그런데 사탄은 사람에게 자율정신을 불어넣어 하나님으로부터 독립을 부추기어 인간을 뿌리 뽑힌 나무처럼 만들어 버렸습니다. 어찌하든 생명의 근원이신 하나님과 멀어지게 하고 더 나아가 하나님께 반항하고 반역하도록 만들었습니다. 이러한 음흉한 궤계를 알지 못하고 인간은 어리석게도 사탄의 간계에 빠지고 말았습니다. 아담이 그러하였고, 가인과 그의 후손들이 그러하였고 셋의 후예가 그러하였고 마침내 노아의 후손들마저 그 사탄의 간계에 빠지고 만 것입니다.

　　홍수심판은 참으로 무서운 것이었습니다. 그 규모, 기간, 정도가 인간 상상을 뛰어넘는 것이었습니다. 이 무서운 심판 후에 인간은 모든 죄를 벗어버리고 의로운 새 세상을 만들 줄 알았는데 인간의 죄의 본성은 고쳐지지 않았습니다(창 8:21). 그 죄가 계속 자라나 마침내 죄의 절정인 바벨탑 사건을 일으키고 만 것입니다.

　　사람들이 하나님을 대적하고 일어난 것입니다. "자, 벽돌을 구워 성읍과 탑을 쌓자!", "자, 꼭대기를 하늘에 닿게 하자!", "자, 우리 이름을 내자!", "자, 우리 흩어짐을 면하자!" 하나님 없는 인본주의와 자율주의의 극치를 이루어 하나님께 반역의 깃발을 내세웠습니다. 하나님의 홍수심판에도 끄떡없는 높고 높은 성과 탑을 쌓고자 하였습니다. 이제는 개인적으로 하나님을 반역하는 것이 아니라 인간이 공동적으로, 떼로 뭉쳐 단결력을 호소하며 하나님을 대적하였습니다. 참으로 가소로운 일이 아닐 수 없습니다. 가만 두어도 멸망할 수밖에 없지만 하나님께서는 인간을 불쌍히 여기셨습니다. 이대로 가만두면 모든 인간은 영영 구제받을 수 없는 나락으로 떨어질 수밖에 없습니다. 그래서 하나님께서는 그들의 멸망 길을 막으시려고 좋은 아이디어를 개발하셨습니다. 그들이 단결하지 못하도록 언어를 혼잡하게 만드셨습니다. 언어가 혼잡하게 됨으로 의사소통이 안 되고 사상이 틀리게 되어 제각기 따로따로 흩어져 자기 갈 길로 가게 되었습니다.

　　하나님께서는 절망적인 인간들의 모습에도 불구하고 하나님의 인류 구속의 도구가 될 이스라엘 백성을 준비하시기 위해 아브라함을 선택하셨습니다. 인간의 죄와 하나님의 은혜를 바라보면서 죄를 회개하고 하나님을 찾으며 순종해야함을 절실히 깨닫습니다.

▶ 나누어 볼까요?

인간이 무서운 범죄 집단을 만들어 악을 행하면 그 폐해가 얼마나 크겠습니까? 왜 하나님은 바벨탑 쌓는 사람들을 흩으셨습니까?

합심기도합시다.　당을 지어 진리를 대적하는 죄를 피합시다(롬 2:8)

본문 : 창세기 12장 1~4절　　　　찬송가 : 277, 458장(새 499, 405)

인류 구원 역사는 '인간의 죄'와 '하나님의 은혜' 큰 두 줄기의 물줄기로 엮어져 내려 갑니다. 인간의 죄는 하나님의 우주 창조의 영광을 가리고 말았습니다. 그러나 하나님께서는 죄인을 구원하시려는 놀라운 계획을 세우셨습니다. 참으로 놀라운 은혜가 아닐 수 없습니다. 또다시 인간은 바벨탑을 쌓아 하나님을 대적합니다. 그러나 하나님은 아브라함을 택하시어 인류 구속 역사를 이루십니다.

창세기 12장 1절

　"여호와께서 아브람에게 이르시되 너는 너의 고향과 친척과 아버지의 집을 떠나 내가 네게 보여줄 땅으로 가라"

▶ 같이 풀어봅시다.

1. 아브라함이 하나님의 부르심을 받을 때 어떤 형편에 있었습니까(4절, 11:30,31, 수 24:2)?

* 75세(4절), 자식이 없었음(11:30), 갈대아 우르에서 출발하다 하란에 머무르고 있었음(11:31), 우상 숭배하고 있었음 (수 24:2), 바벨탑 사건의 영향이 있었음(11장).

2. 하나님께서 아브람(후일에 아브라함)에게 무슨 명령과 약속을 주셨습니까(1~3절)?

* 명령: 죄악의 땅에서 분리 명령(…을 떠나 …로 가라)
* 약속: 축복의 약속(큰 민족, 이름이 창대함, 복, 복의 시혜자, 땅의 모든 족속에게 복의 샘이 됨)

3. 하나님께서 아브람에게 주신 명령과 약속에 무슨 뜻이 담겨 있습니까?

* 천지창조가 혼돈(without form)에서 질서, 형태(form)로 분리(separate) 사역이었듯이 아브라함을 우상숭배 땅에서 신앙의 땅으로 분리하심.
* 인간의 죄로 말미암아 저주와 죽음 속에 있는 인간을 축복과 영생으로 인도하시려는 하나님의 구원계획이 담겨있는 약속임. 이 약속은 메시아를 통하여 이루어짐.

4. 아브라함은 하나님의 명령과 약속에 대하여 어떤 반응을 보였습니까(4절)?

* 믿음과 순종

5. 하나님께서 아브라함을 선택하신 이유는 무엇입니까?

메시지

　　영광스러운 우주 창조는 하나님의 큰 기쁨이었습니다. 그 영광스러운 우주에 인간의 죄는 하나님의 큰 슬픔이었습니다. 그러나 은혜로우신 하나님께서는 죄 속에 빠진 인간을 구원하는 계획을 세우셨습니다. 그런데 인간은 더욱 타락하여 바벨탑을 쌓고 말았습니다. 바벨탑은 하나님 없이 자기들이 하나님이 되어 살려는 죄악의 절정이며, 하나님을 대적하는 반역행위였습니다. 이것은 인류 역사에 큰 위기였습니다. 하나님께서는 악한 인간들을 멸망에서 구원하시려고 언어를 혼잡하게 하시어 흩으셨습니다. 이는 언젠가 모든 민족을 구원하여 연합시키려는 뜻이 담겨 있습니다.

　　하나님은 메시아를 보내어 인류를 구원하시려는 계획을 세우셨습니다. 메시아를 보내어 하나님 나라를 이루고 그 나라로 하여금 남은 모든 족속을 구원하고자 하셨습니다. 메시아를 보내기 위하여 믿음 있는 한 민족을 선택하셔야 했고 이를 위하여 한 사람 아브라함을 선택하신 것입니다. 아브라함이 선택된 것은 그가 잘나서가 아닙니다. 그의 혈통이 좋아서도 아닙니다. 순전히 하나님의 은혜입니다. 하나님의 절대주권적인 선택에 의해서 아브라함이 선택된 것입니다. 하나님은 우상숭배의 땅, 곧 죄악의 땅에서 떠나서 하나님께서 지시하시는 땅으로 가도록 명령하셨습니다. 즉 하나님 없는 어둠에서 하나님 계시는 빛으로 나오라는 명령이었습니다. 어둠에서 빛으로, 불신에서 신앙으로, 멸망에서 구원으로, 저주에서 축복으로, 죽음에서 영생으로, 우상에서 하나님께로 분리되어 나오라는 하나님의 구원 신호였습니다. 하나님께서 약속하신 씨(자손, 큰 민족), 땅, 복, 열방의 복은 죄로 멸망해 가는 대열에서 벗어나 구원 대열로 나올 때 주어지는 영적인 복, 물질적인 복을 함축하고 있습니다. 하나님의 약속은 궁극적으로 예수 그리스도 안에서 이루어졌습니다. 그러므로 하나님께서 아브라함에게 하신 약속은 1차적으로는 아브라함이 바라던 현실적인 복이었지만 하나님께서는 그의 후손 가운데 메시아를 보내어 땅의 모든 족속을 구원하시겠다는 미래의 약속을 내포한 것입니다. 하나님께서는 아브라함을 불신앙의 세계에서 하나님 세계로(12장), 세상을 벗 삼는 세속적인 신앙에서 하나님을 벗 삼는 경건 신앙으로(13장), 인본주의적인 자기중심적 신앙에서 하나님의 약속만을 믿는 하나님 중심적인 신앙으로(21장), 하나님 축복에 의존한 축복 신앙에서 하나님 그분만을 사랑하고 경외하는 하나님 절대 신앙으로(22장) 분리하며 인도하셨습니다. 참으로 하나님은 은혜로우신 은혜의 하나님이십니다.

　　아브라함은 어려운 상황 속에서도 하나님에 대한 믿음과 순종으로 하나님의 은혜 속에 들어가게 되었습니다. 하나님의 부르심에 믿음과 순종으로 나아가 구원받으시고 귀히 쓰임 받는 성도되시기 바랍니다.

▶나누어 볼까요?

내가 떠나야 할 요소, 내가 붙잡고 나가야 할 약속은 무엇입니까?

합심기도합시다.　　믿음과 순종으로 하나님의 부르심에 나아가도록

본문 : 창세기 26장 1~16절　　　찬송가 : 394, 377장(새 354, 449)

> 이삭의 활동은 크게 돋보이지 않습니다. 그래서 무시하기 쉽습니다. 그러나 이삭은 위대한 믿음의 영웅 아브라함의 신앙을 잘 전수 받아 다음 세대에 잘 전수한 믿음의 계승자입니다. 자기 할 일은 다 감당한 것입니다. 믿음의 선진들이 이루어 놓은 신앙 전통을 다음 세대에 잘 전하지 못하여 망한 일들이 많습니다. 믿음을 잘 계승한 이삭을 공부해 봅시다.

창세기 26장 2절

"여호와께서 이삭에게 나타나 이르시되 애굽으로 내려가지 말고 내가 네게 지시하는 땅에 거주하라"

▶같이 풀어봅시다.

1. 흉년이 들자 이삭이 어떤 행동을 취했습니까(1절)? 그랄은 애굽 땅입니까? 아니면 가나안 땅입니까?

2. 하나님께서 이삭에게 무슨 명령과 약속을 주셨습니까(2~4절)?

* "애굽으로 내려가지 말고 약속의 땅 가나안에 거주하라" 경제적인 이유 때문에 세속의 세계로 가지 말고 신앙의 세계에 살라는 말씀.

* 아브라함에게 약속한 그대로 복, 땅, 씨(자손), 만민에게 복을 주시겠다고 약속하심.

3. 이삭이 하나님 말씀에 순종했습니까(6절)? 이삭이 어떤 어려움을 겪었으며 어떤 도움을 받았습니까(7~11절)?

4. 이삭이 순종한 결과 어떤 일이 일어났습니까(12~16절)?

5. 이삭을 도우신 하나님을 통해 무슨 교훈을 배울 수 있습니까?

메시지

하나님께서 이삭을 선택하신 이유는 '오직 믿음으로 구원받음'을 보여주기 위함입니다. 아브라함과 마찬가지로 이삭도 여러모로 매우 부족한 사람입니다. 그러나 그가 구원받을 수 있었던 것은 그의 지식이나 그의 능력으로가 아니라 '오직 하나님의 약속을 믿고 순종함' 때문입니다.

흉년은 오늘날 표현으로 하자면 경제공황을 의미합니다. 먹고 살기가 고달프고 당장 식생활이 어려우므로 경제 상황이 좋은 곳으로 이민 가는 것이었습니다. 이삭도 경제적인 이유 때문에 잘사는 나라 애굽으로 이민 가고자 했습니다. 그 때 하나님께서 이삭에게 나타나 말씀하셨습니다. "애굽으로 내려가지 말라!", "내가 네게 지시하는 땅에 거주하라!" 경제적인 이유 때문에 이사하지 말고 신앙적인 이유 때문에 약속의 땅을 떠나지 말도록 말씀하셨습니다.

그리고 아브라함의 때와 같이 씨(자손), 땅, 복, 열방의 복을 약속하여주셨습니다. 하나님의 약속은 당시 족장들이 절실히 바랐던 복임과 동시에 하나님께서 인류에게 주시고자 한 복이 내포되어 있습니다. 아브라함과 이삭의 후손 가운데 메시아를 보내어 영원한 복인 인류 구원을 주시겠다는 약속입니다. 하나님께서는 아브라함, 이삭 그들만 구원하시고자 한 것이 아니라 그들의 후손까지 구원하고자 하셨습니다. 그리고 더 나아가 그들을 통하여 세계 만민, 열방을 구원하고자 계획을 세우신 것입니다.

이삭은 하나님의 말씀을 듣고 즉각 순종하였습니다. 애굽으로 이사 가는 계획을 포기하고 하나님 말씀에 순종하기로 작정한 것입니다. 그 결정을 하기까지 쉽지 않았겠지만 모든 어려움을 물리치고 하나님 말씀에 순종하였습니다. 가나안 땅인 그랄에 머물렀습니다. 그러자 이삭은 큰 복을 받게 되었습니다. 농사하여 백배의 수확을 올렸습니다. 이삭은 하나님의 복을 받아 창대하고 왕성하여 마침내 거부가 되었습니다. 양과 소가 떼를 이루고 종이 심히 많아 이웃 사람들의 시기를 받을 정도였습니다.

이삭은 부족하였지만 믿음으로 순종하였습니다. 아버지 아브라함의 신앙을 잘 받아 그 신앙 지키고 후손들에게 그 신앙 잘 계승하여 주었습니다. 하나님께서 원하시는 것이 바로 그것입니다. 믿음의 사람, 순종의 사람입니다. 하나님의 약속을 믿고 묵묵히 순종하는 이삭을 하나님은 심히 기뻐하시고 큰 복을 내려 주셨습니다. 믿음의 사람, 순종의 사람이 되어 하나님의 은총을 받으시기 바랍니다.

▶ 나누어 볼까요?

신앙의 축복을 받아 후손에게 계승하는 신앙이 얼마나 귀합니까?

> **합심기도합시다.**   신앙 유산을 물려주어 후손들이 복을 누리도록

선택받은 야곱

본문 : 창세기 35장 1~15절　　　　찬송가 : 364, 405장(새 338, 305)

모든 인간들은 죄를 범하여 멸망 받게 되었습니다. 하나님께서는 멸망 받을 인간 가운데서 약간의 사람들을 구원하시고자 선택하셨습니다. '선택'과 '구원'은 매우 깊은 관계에 있습니다. 나 같은 죄인을 선택하여 구원하여 주신 하나님을 생각할 때에 감사하지 않을 수 없습니다. 하나님께서는 인간들에게 '은혜'를 가르쳐 주시고자 소수를 '선택'하신 것입니다.

창세기 35장 9절
"야곱이 밧단 아람에서 돌아오매 하나님이 다시 야곱에게 나타나사 그에게 복을 주시고"

▶같이 풀어봅시다.

1. 야곱의 부모는 누구입니까(25:20~26)? 야곱은 언제 하나님의 선택을 받았습니까(25:23, 롬 9:10~13)?

* 아버지 이삭과 어머니 리브가, 이삭 60세에 쌍둥이 중에 둘째로 태어남.
* 어머니 태중에서 선택받음 "큰 자가 어린 자를 섬기리라"(25:23). 태중에서 선택하신 것은 인간의 행위 때문에 선택한 것이 아니라 오직 하나님의 주권적인 뜻으로 선택한 것을 보여주시기 위함임. 즉 은혜로 선택되었음을 깨닫게 하려하심.

2. 야곱은 자녀를 몇 명 낳았습니까(30장)? 그들이 후일 어떻게 되었습니까?

* 12명의 아들과 1명의 딸
* 이스라엘 민족 12 지파를 이룸.

3. 야곱 이름이 언제 어디서 이스라엘로 바뀌었습니까(32장)?

* 밧단아람에서 고향 브엘세바로 돌아오는 길에서 에서를 만나기 전날 밤에 브니엘에서.
* 형 에서의 복수의 칼에 죽을 것을 심히 두려워한 야곱은 밤새도록 기도하여 천사로부터 새 이름 이스라엘을 받음. 야곱(발뒤꿈치를 잡았다, 사기꾼) 이스라엘(하나님과 겨루어 이김, 하나님의 사람)

4. 하나님은 세겜에서 곤경에 처한 야곱에게 무슨 명령을 주셨습니까(1절)? 야곱의 반응은 어떠했습니까(2~7절)? 하나님은 말씀에 순종한 야곱에게 무슨 복과 약속을 주셨습니까(9~12절)?

* "벧엘로 올라가라. 거기서 하나님께 제단을 쌓으라"
* 순종. 이방 신상과 미신적인 것들을 땅에 묻고 벧엘에 올라가 제단을 쌓고 예배를 드림.
* 복을 주심. 특히 새 이름을 불러주심. 자손, 땅, 복, 열방의 복(28:14)을 약속해 주심.

메시지

　　야곱은 어머니 뱃속에서 하나님의 선택을 받은 사람이었습니다. 어머니 리브가가 쌍둥이를 잉태하였는데 하나님께서 "큰 자는 어린 자를 섬기리라"는 말씀으로 동생을 선택하여 주셨습니다. 어머니 뱃속에서 선택하신 것은 하나님의 구원은 인간의 노력이나 행위, 업적, 공로로 되는 것이 아니요 오직 하나님의 주권적인 뜻으로 되는 것임을 온 천하에 알리려 하심입니다. 즉 인간의 노력이 아닌 하나님의 은혜를 믿고 의지함으로 하나님의 생명을 받게 하려함입니다. 하나님께서 나 같은 죄인을 선택하여 구원하여 주셨음을 생각할 때 감격하지 않을 수 없습니다. "오 하나님, 이 죽을 죄인 구원하여 주시니 그저 감사합니다. 그저 감사합니다." 감격하여 살도록 하기 위함입니다. '구원받은 은혜에 감사'와 '구원의 기쁨과 감격' 이것이 거룩한 인생을 사는 원동력입니다. 이것을 잃어버린 자는 바리새인 같은 껍데기 신앙으로 전락해 버립니다. 이것이 가득한 자는 놀랍게 성화됩니다. 영광의 삶을 살게 됩니다.

　　야곱은 하나님의 선택의 은혜를 모르고 계속 자기 노력과 성실로 괴로운 투쟁의 삶을 삽니다. 그래서 많은 고생을 합니다. 심한 고통을 받습니다. 자기 아성이 깨어지지 않아 열심히 사나 기쁨이 없습니다. 그러다가 형 에서의 복수의 칼 앞에서 자기 한계상황에 빠지게 됩니다. 이럴 수도 저럴 수도 없는 진퇴양난의 절벽 앞에서 그는 밤새도록 울부짖으며 영적 씨름을 합니다. 얼마나 열심히 영적투쟁을 했던지 뼈가 부러졌습니다. 그러나 그는 자기 아성을 허물고 하나님을 마음에 모심으로 영의 눈을 뜨게 됩니다. 사기꾼 야곱을 벗어버리고 하나님의 사람 이스라엘로 거듭나게 됩니다. 환희와 감격이 찾아 왔습니다.

　　그 후 신앙 감격이 사라질 즈음에 하나님께서는 야곱에게 "벧엘로 올라가라" 명령하십니다. 하나님의 첫사랑을 경험했던 벧엘, 신앙 출발을 했던 벧엘에서 새 출발하도록 명하십니다. 야곱은 하나님 말씀을 듣고 회개와 신앙 결단을 내립니다. 이방신상과 미신적인 것들을 다 땅에 묻어버리고 새 출발합니다. 벧엘에 올라가서 하나님께 제단을 쌓아놓고 예배를 드립니다. 하나님께서는 매우 기뻐하셨습니다. 하나님은 복, 자손, 땅을 약속해 주십니다. 야곱은 하나님 약속을 붙들고 의지함으로 믿음의 조상의 반열에 들어서게 됩니다. 야곱은 욕심 많은 세속적인 사람이었습니다. 그러나 하나님은 그를 변화시켜 주셔서 새 사람 되게 하셨습니다. 민족의 조상으로 세우시고 귀한 인물로 쓰셨습니다. 하나님의 선택의 은혜를 굳게 붙드셔서 당신도 이런 은혜를 누리시기 바랍니다.

▶ **나누어 볼까요?**

당신은 선택의 은혜에 감사하고 있습니까? 얼마큼 변화된 새 사람 되었습니까?

합심기도합시다.	하나님의 은혜를 붙들음으로 환희와 감격의 인생을 살도록

본문 : 창세기 50장 15~21절   찬송가 : 434, 194장(새 384, 260)

하나님은 죄악에 빠진 인류를 구원하시려는 인류 구원 계획을 세우셨습니다. 그 구원을 이루시려고 하나님은 먼저 아브라함 한 사람을 택하시고 그의 가족, 그의 부족, 그의 민족을 택하셨습니다. 그리고 그들로 세계 만민에게 구원의 복음을 전파케 하시어 세계 만민을 구원하려 하십니다. 그 하나님의 꿈을 요셉을 통하여 보여주셨습니다.

창세기 50장 20절

"당신들은 나를 해하려 하였으나 하나님은 그것을 선으로 바꾸사 오늘과 같이 많은 백성의 생명을 구원하게 하시려 하셨나니"

▶같이 풀어봅시다.

1. 요셉은 어떤 사람입니까?

* 야곱의 열한 번째 아들. 어머니 라헬이 동생 출생 중에 돌아가셔서 편부 슬하에서 편애를 받으며 이복형들의 미움 속에서 자라남. 지도자 꿈을 꾸는 요셉을 형들이 미워하여 노예로 팔아버림. 하나님께서 놀라운 섭리로 요셉을 애굽 총리가 되게 하심. 요셉은 양식을 사러 온 형들을 눈물로 회개시킴. 부모님과 가족을 애굽에 초청하여 굶주림과 죽음에서 구원함. 온 세계 만민을 굶주림과 죽음에서 구원함.

2. 요셉은 형들을 용서하고 그들을 먹여 살리고 있지만 형들은 아직도 요셉의 복수를 두려워하고 있습니다. 아버지가 죽자 형들이 요셉에게 무슨 말을 했습니까(15~17상, 18절)?

3. 형들의 말을 들은 요셉의 반응은 어떠하였습니까(17절하)? 왜 요셉이 울었습니까?

4. 요셉이 형들을 무슨 말로 간곡히 위로하였습니까(19~21절)?

5. 하나님께서 요셉을 어떻게 쓰셨습니까?

메시지

　　하나님께서 이브라함, 이삭, 야곱에게 약속하신 약속은 씨(자손), 땅, 복, 만민의 축복이었습니다. 이 약속은 당장의 현실적이고 물질적인 복임과 동시에 먼 훗날에 이루어질 하나님의 인류 구원의 복을 내포하고 있는 복이었습니다. 즉 믿음의 조상들의 후손 가운데 메시아를 보내어 그를 통하여 세계 만민을 구원하시겠다는 약속입니다. 과연 그 약속대로 아브라함의 후손으로 메시아가 오셔서 온 인류를 구원하셨습니다. 하나님이 보내신 메시아, 예수 그리스도로 말미암아 하나님의 구원이 온 천하 만민에게 전파된 것입니다. 그리스도의 복음으로 말미암아 무지한 인간들이 하나님을 알게 되고 가난한 자, 장애인, 노약자, 유약자, 소외받는 사람들이 인간 대접을 받는 자비의 문화가 펼쳐지고, 억압받고, 고문받고, 성 노예 취급을 받는 사람들이 인권을 보장받는 인권 문화가 펼쳐진 것입니다. 심지어 동물 학대도 밀리하며 환경오염을 방지하고 보존하는 자연보호 문화가 생겨난 것입니다. 무엇보다 하나님도 모르고 지옥으로 달려가던 인간들이 하나님을 알고 경배 드리며 하나님의 자비와 사랑을 받아 하나님의 자녀의 축복을 받은 것입니다. 하나님께서는 그리스도로 말미암아 죄사함을 받고 영생을 받으며 천국의 꿈을 꾸고 거룩한 삶을 사는 복을 만민에게 거저 주신 것입니다.

　　이러한 계획을 세워놓고 계신 하나님께서는 요셉의 일생을 통하여 이러한 하나님의 꿈을 보여 주셨습니다. 요셉은 상당히 불행한 가정에서 자라났습니다. 문제아가 될 수밖에 없는 가정환경, 편부 슬하에서 편애를 받고 자랐습니다. 거기다 10명이나 되는 이복형들의 무서운 시기와 미움과 학대를 받아야 했습니다. 형들의 미움이 마침내 폭발하고 말았습니다. 동생 요셉을 노예로 팔아버렸습니다.

　　노예로 팔려간 요셉의 슬픔과 고통, 배신감, 절망은 얼마나 심했겠습니까? 그러나 요셉은 하나님의 절대주권을 믿고 그 절망적인 순간에도 오직 하나님을 경외하였습니다. 하나님은 믿음으로 사는 요셉을 애굽 총리가 되게 하셨습니다. 총리가 된 요셉은 하나님의 백성인 자기 가족을 굶주림과 죽음에서 구원하고 세계 만민을 굶주림과 죽음에서 구원하였습니다. 아버지가 죽은 후 무서워 떠는 형들을 위로하고 그들뿐만 아니라 그들의 자녀들까지 부양할 것을 약속하는 요셉은 장차 만민을 구원할 그리스도의 모습입니다. 요셉처럼 믿음으로 아름답게 사시기 바랍니다.

▶**나누어 볼까요?**

요셉이 어떤 점에서 그리스도를 닮았습니까?

합심기도합시다.	하나님을 절대적으로 경외하며 순종하는 삶을 살도록

제 14과 제사장 나라가 되리라

본문 : 출애굽기 19장 1~6절   찬송가 : 44, 371장(새 19, 580)

하나님께서는 애굽에서 430년 동안 이스라엘 백성을 큰 민족으로 만드셨습니다. 그리고 모세를 부르시어 이스라엘 백성을 출애굽 시키셨습니다. 그리고 그들을 시내산으로 인도하셔서 시내산 언약 혹은 모세 언약을 체결하셨습니다. 이로써 이 땅에 하나님을 왕으로 모신 신정국가가 탄생하였습니다. 하나님께서 이스라엘을 거룩한 나라로 세우신 목적은 무엇입니까?

출애굽기 19장 6절

"너희가 내게 대하여 제사장 나라가 되며 거룩한 백성이 되리라 너는 이 말을 이스라엘 자손에게 전할지니라"

▶같이 풀어봅시다.

1. 이스라엘 민족이 왜 애굽에 들어갔습니까? 애굽에서 430년 동안 이스라엘은 어떤 삶을 경험했습니까?

* 온 땅에 흉년이 심할 때 요셉이 애굽 총리가 됨으로 이스라엘 가족 70명이 흉년을 피하러 애굽에 들어감. 하나님의 인도하심이 있었음.
* 처음에는 자유와 신앙이 보장된 삶을 살았으나 이스라엘 백성들의 인구가 급증하자 요셉을 모르는 새 왕이 이스라엘 백성을 노예로 삼아 학대함. 그 사이 이스라엘은 큰 민족이 됨(성인 남자만 60만 명, 전체 약 200만 명).

2. 이스라엘 백성들이 어떻게 출애굽하게 되었습니까?

* 하나님께서 모세를 부르시어 애굽 땅에 열 가지 재앙을 내려 애굽인들을 굴복시켜 전쟁 없이 무혈 출애굽 시키심. 뒤늦게 추격하는 애굽 군대를 홍해 바다에 익사시켜 버리고 이스라엘 백성을 자유로운 하나님 백성으로 해방시키심.

3. 하나님께서는 출애굽 한 백성들을 어디로 인도하셨습니까(1, 2절)? 하나님께서 모세에게 이스라엘을 출애굽 시킨 목적을 무엇이라 말씀하셨습니까(3~6절)?

* 시내산으로 인도하심. 출애굽 한지 3개월이 되던 날 르비딤을 지나 시내산으로 인도하심.
* 출애굽 목적: 1) 하나님 백성으로 만드려고, 언약체결
          2) 열국의 제사장 나라가 되게 하시려고.
          3) 거룩한 하나님 백성 만드시려고

4. 이스라엘을 제사장 나라를 삼으신다는 말이 무슨 뜻입니까?

* 제사장은 하나님과 백성들 사이에 서서 하나님의 뜻을 전달하고 백성들을 위해 기도하는 중보자. 온 세계에 하나님의 뜻을 전하는 거룩한 나라.

메시지

하나님께서는 우주를 창조하시고 인간을 중보자로 창조하셨습니다. 하나님과 우주 사이에 인간은 중보자가 되어 하나님의 뜻을 수행하도록 사명을 주셨습니다. 또한 하나님은 이스라엘 백성을 구원하시려고 중보자 모세를 부르시어 출애굽 역사를 이루셨습니다. 더 나아가 하나님께서는 세계 만민을 구원하시려고 이스라엘 민족을 제사장 나라로 부르신 것입니다. "내가 애굽 사람들에게 어떻게 행하였음과 내가 어떻게 독수리 날개로 너희를 업어 내게로 인도하였음을 너희가 보았느니라. 세계가 다 내게 속하였나니 너희가 내 말을 듣고 내 언약을 지키면 너희는 모든 민족 중에서 내 소유가 되겠고 너희가 내게 대하여 제사장 나라가 되며 거룩한 백성이 되리라 너는 이 말을 이스라엘 자손에게 전할 지니라"(출 19:4~6)

하나님은 전지전능하시며 역사의 주관자이십니다. 역사의 주관자이신 하나님께서는 아브라함을 부르실 때부터 이스라엘을 열국의 제사장 나라로 세우시려는 뜻을 갖고 계셨습니다. 이스라엘 백성들이 애굽으로 들어가는 것도 하나님의 섭리 속에 일어난 것입니다. 이스라엘 백성들이 가나안에 계속 머물고 있었더라면 굶주려 죽거나 패역한 가나안 문화에 오염되어 하나님의 백성이 될 수도 없었을 것입니다. 자유롭게 신앙생활 하면서 큰 민족으로 성장할 수 있는 요람이 바로 풍요롭고 자유로운 애굽 땅 고센 땅이었습니다. 이스라엘이 출애굽 할 때가 이르렀을 때 이스라엘에 대한 압제와 학대가 심하게 일어났습니다. 이스라엘에게 학대가 심한 것은 이제 이 땅에서 떠날 때가 되었다는 신호였습니다.

하나님께서는 우주의 중보자로 인간을 세우신 방식대로 이스라엘을 구원할 중보자로 모세를 부르셨습니다. 하나님께서는 큰 권능으로 애굽에 열 가지 재앙을 내려 완강한 바로를 납짝 엎드리게 만드셨습니다. 그리고 놀라운 권능으로 해방시키셨습니다.

하나님께서 이스라엘을 출애굽 시키신 목적이 무엇입니까? 하나님께서 이스라엘을 독수리 날개로 업어 구원하신 까닭은 제사장 나라가 되게 하는 뜻이었습니다. "제사장 나라" 무슨 말입니까? 첫째는 하나님 잘 섬기는 거룩한 나라의 사명이요 다음은 온 세계 만민에게 하나님 뜻을 알려 그들을 하나님 품으로 인도하는 사명이었습니다. 이 사명은 오늘날 새 언약의 백성이 된 모든 신자들에게 주신 사명입니다(벧전 2:9). 먼저 하나님을 잘 섬기고 다음에 뭇 영혼들을 주님께로 인도하는 왕 같은 제사장으로 사시기 바랍니다.

▶ 나누어 볼까요?

하나님의 비전은 무엇입니까? 당신의 비전은 무엇입니까?

<table>
<tr><td>합심기도합시다.</td><td>제사장 사명을 잘 감당하도록</td></tr>
</table>

제 15과 성막예배와 제물

본문 : 레위기 1장 1~17절   찬송가 : 197, 184장(새 263, 252)

하나님께서는 놀랍게도 애굽에서 노예 생활하는 이스라엘 백성들을 거룩한 나라로 만드
시려는 계획을 세우셨습니다. 이 일을 위하여 출애굽 시키셨고 시내산으로 인도하여 하
나님 백성의 법도가 되는 율법을 주셨습니다. 또한 율법을 다 지킬 수 없는 약점을 아시
고 성막을 만드시고 제사를 드림으로 용서의 길을 여셨습니다. 성막 예배의 중요성은 무
엇입니까?

레위기 17장 11절

"육체의 생명은 피에 있음이라 내가 이 피를 너희에게 주어 제단에 뿌려 너희의 생명을 위하여 속
죄하게 하였나니 생명이 피에 있으므로 피가 죄를 속하느니라"

▶같이 풀어봅시다.

1. 모세의 부르심과 출애굽(출 1~15장), 시내산 언약 체결과 율법 수여(출 16~24장), 성막 설계
   와 건축(출 25~40장) 어느 부분에 가장 많은 지면이 할애되었습니까? 그 세 사건에 무슨 연
   관성이 있습니까?

* 앞 두 사건은 많은 사건을 극히 요약하여 기록한 반면, 성전 건축은 단일 사건임에도 불구하고 설계도와 그대로 건
  축하였다는 두 번 중복하여 자세히 기록하고 있음. 그만큼 하나님의 관심과 중요성을 반영함
* 출애굽은 구원, 시내산 언약은 하나님 나라의 개국 선언과 출발, 율법은 하나님 나라의 법과 제도, 성막은 하나님 통
  치와 예배, 죄 용서의 길 마련, 즉 죄인의 살길을 마련.

2. 성막 예배의 5대 제사가 무엇입니까? 그 각각의 뜻은 무엇입니까?

* 번제 : 모든 제물을 온전히 태워 드리는 제사, 감사와 헌신, 사랑의 표현.
* 소제 : 밀, 보리 등 곡식으로 드리는 제사, 단독제로 드리지 아니하고 병행제로 드림. 봉사.
* 화목제 : 제물 일부는 태워 드리고 일부는 제사장과 예배자가 나눠 먹음. 은혜 감사, 사랑.
* 속죄제 : 율법을 범한 죄를 속죄함. 제물 거의 태워 드리고 일부만 제사장 먹음.
* 속건죄 : 성물이나 남의 물건 범한 죄 속죄함, 배상함. 속죄제와 비슷하게 드림.
* 번제, 소제, 화목제는 자원제나 속죄제, 속건제는 의무제

3. 모든 제사에 제물의 희생의 피가 필수적인 것은 무슨 뜻이 있습니까(5, 11절; 17:11)?

4. 예배자가 제물 위에 안수함은 무슨 뜻이 있습니까(4절)?

메시지

출애굽 사건 → 시내산 언약 → 율법 수여 → 성막 건축. 이 네 사건은 인류 구속사에 매우 중대한 사건이며 상호 밀접한 관계가 있습니다. 하나님의 인류 구원 계획 속에는 이스라엘을 하나님이 통치하시는 거룩한 나라로 만들어 그 나라로 하여금 온 세계 만국의 제사장이 되게 하는 거대한 구도가 있습니다. 하나님께서는 그 나라를 이루기 위하여 아브라함을 부르셨습니다. 그리고 그 믿음의 후손들로 거룩한 나라를 이루신 것입니다.

출애굽은 민족 해방, 하나님의 구원입니다. 애굽에서 노예 생활의 비참함에서 해방되어 거룩한 하나님의 백성이 되는 것입니다. 출애굽은 죽은 백성들이 부활되어 새 인간으로 살아남입니다. 어떻게 출애굽 곧 구원받았습니까? 오직 하나님의 뜻과 권능으로 구원받았습니다. 하나님께서는 중보자를 세우셨습니다. 그 중보자를 통해 열 가지 재앙의 기적으로 원수를 제압하셨습니다. 그리고 어린양의 피를 문에 바르고 생명을 얻어 구원받게 하셨습니다. 백성들이 한 일은 오직 믿고 순종한 것뿐입니다.

출애굽 후 하나님께서는 약속의 땅으로 인도하시지 않으시고 멀고먼 남쪽 시내산으로 인도하셨습니다. 거기서 하나님과 이스라엘 백성 간에 언약을 체결하셨습니다. 구원받은 백성들이 구원받은 표로 세례를 받아 만천하에 하나님 백성 됨을 선포하듯 이스라엘 백성들은 시내산 언약을 통해 만천하에 거룩한 나라의 공식 출발을 선포하였습니다. 새 나라의 법과 제도가 곧 율법입니다. '열국의 제사장 나라', '거룩한 나라'가 새 나라의 국가 이념이요 국가 철학이었습니다. 새 언약의 백성들이 '성령'과 '사랑'의 법으로 영적, 도덕적으로 수준 높은 삶으로 왕 같은 제사장이 되어 살게 하심 같습니다.

새 나라의 왕은 하나님이셨습니다. 하나님의 처소가 마련되었습니다. 성막 지성소였습니다. 우주를 창조하신 위대하신 창조주께서 그 왜소한 성막에 거하심은 상징적이었지만 놀라운 은혜였습니다. 성막은 하나님의 임재, 하나님의 통치의 상징이었습니다. 성막은 왕이신 하나님을 배알하고 경배 드리는 예배의 처소였습니다. 또한 하나님의 지시를 받고 교제하는 거룩한 처소였습니다. 뿐만 아니라 죄인들이 죄사함을 받는 시은소, 은혜 받는 거룩한 처소였습니다. 하나님은 죄를 지은 사람은 반드시 속죄제, 속건제를 통해 죄를 벗도록 하였고, 하나님을 기쁘게 해드리기 위하여 자원제로 번제, 화목제를 소제와 함께 드리도록 하셨습니다. 죄의 대가는 생명이므로 죄를 속하기 위해서는 반드시 피의 제사를 드려야 했습니다. 하나님의 백성들은 죄를 벗어나 거룩하신 하나님을 본받아 거룩한 백성이 되도록 하셨습니다. 영원한 하나님 나라의 백성들은 그리스도 안에서 하나님과 동행하며 무한 영광을 누리도록 축복을 받았습니다. 주님 품안에서 천국의 은혜를 충만히 누리시기 바랍니다.

▶나누어 볼까요?

영적으로 죽은 당신이 어떻게 왕 같은 제사장이 되었습니까?

합심기도합시다. 주님의 복음을 전파하여 제사장 사명을 감당하도록

여호와를 잊지 말라

본문 : 신명기 8장 1~20절　　　　찬송가 : 205, 410장(새 287, 310)

출애굽의 은혜와 시내산 언약 그리고 율법과 성막은 세계 어느 민족도 경험하지 못한 영광스러운 복이었습니다. 그런데 안타깝게도 무지한 백성들은 그 은총을 깨닫지 못하고 불평, 불순종, 반역으로 하나님을 슬프게 하였습니다. 하나님께서는 그래도 희망을 버리지 아니하시고 약속의 땅에 들어가기 전 차세대 백성들에게 하나님 섬기는 법을 일깨워 줍니다.

신명기 8장 14절

"네 마음이 교만하여 네 하나님 여호와를 잊어버릴까 염려하노라 여호와는 너를 애굽 땅 종 되었던 집에서 이끌어 내시고"

▶같이 풀어봅시다.

1. 민수기는 어떤 성경입니까?

* 광야에서 백성들의 수를 헤아린 인구조사 기록이란 뜻. 시내산에서 하나님 백성으로 언약을 세우고 새 출발한 이스라엘 백성들이 약속의 땅에 들어가기 전 광야에서 훈련받은 기록.

2. 신명기는 어떤 성경입니까?

* '다시 명령한 책' 이란 뜻인데 약속의 땅, 가나안에 들어가기 전 차세대에게 하나님 잘 섬길 것을 당부한 하나님 말씀. 1~4장 과거 역사 회고, 5~11장 하나님의 언약을 지키라, 12~26장 가나안 땅에 지킬 의무, 27~30장 축복과 저주, 31~34장 하나님 언약에 충성을 다하라. 핵심 요절은 6:5.

3. 광야 40년 훈련의 뜻은 무엇이며(1~3절), 어떤 은혜를 입었습니까(4절)?

4. 가나안 땅에서 명심해야 할 교훈은 무엇이며(5, 6절), 받을 복은 무엇입니까(7~10절)?

5. 가나안 땅에 들어가 살 백성들이 겪을 가장 큰 위험은 무엇입니까(11~20절)? 그 위험에서 벗어날 길은 무엇입니까?

메시지

하나님께서는 이스라엘 백성들에게 참으로 놀라운 은혜를 베풀어 주셨습니다. 하나님 백성으로 선택해 주시고, 하나님 백성의 지위를 주심은 물론 실제 삶에서 노예 생활에서 해방과 자유를 주셨습니다. 뿐만 아니라 그들이 필요한 물, 양식, 고기를 주셨고, 적들과의 싸움에서 승리하도록 도와 주셨습니다. 하나님이 친히 왕이 되셔서 그들을 보호하여 주시고 먹여 주시고 거룩한 길을 가르쳐 주셨습니다. 그런데 불행하게도 이스라엘 백성들은 그 크신 하나님의 은혜를 깨닫지 못하였습니다. 하나님의 위대한 사랑을 받고 있으면서도 감사할 줄 몰랐습니다. 사소한 불편과 장애물 앞에 불평하였습니다. 심지어 애굽으로 돌아가자고 외쳤습니다. 이 무지하고 목이 곧은 백성들을 하나님은 오래 참으시며 그들을 훈련시키셨습니다. 그 과정에서 하나님의 성품이 드러났습니다.

1. 거룩하심 : '거룩'은 '구별되다', '다르다'는 뜻임. 피조물과 구별됨. 안식일을 구별 하시고, 이스라엘 백성을 세상에서 거룩한 나라로 구별하셨습니다.
2. 영광 : 하나님은 영광 중에 계시며 영광을 드러내셨습니다. 10가지 재앙, 출애굽, 홍해도강, 만나, 반석에서 물 나게 하심, 승리 언약 체결 등으로 영광을 나타내셨습니다.
3. 긍휼 : 하나님은 초월자이시면서도 억압받고, 가난하고, 마음이 상한 자들을 굽어 살피셨습니다. 그들을 불쌍히 여기시고, 구속하시고, 먹이시고, 치료하여 주셨습니다.
4. 오래 참으심 : 하나님은 자녀들의 연약함을 이해하고 오래 참으시는 아버지처럼 이스라엘의 영적 성장을 기다리시며 오래 참으셨습니다.
5. 사랑과 신실하심 : 사랑 곧 헤세드는 선택된 백성에게 베푸는 언약적 사랑, 그 언약을 끝까지 지키시며 지속시키시는 신실하심은 독특하며 대대에 미치는 것입니다.
6. 용서 : 당시 왕들은 반역의 무리들을 무참하게 제거해 버렸습니다. 만왕의 왕이신 하나님은 범죄한 백성들을 용서하십니다. 제사장 제도, 대속의 제사 제도를 통해 화해와 용서의 길을 열어두셨습니다.
7. 질투 : 이는 인간의 질투와 다릅니다. 오직 여호와만 하나님이심을 밝히시려는 하나님의 노력입니다. 하나님의 하나님 되심을 밝히시려는 하나님의 성품입니다.

하나님은 광야에서 이스라엘을 훈련시키신 후 가나안 땅에 들어가 하나님을 잊지 말고 살 것을 수십 번 반복해서 깨우치십니다. 먹을 것이 풍성하고 살기 좋아질 때에 교만하여 지지 아니하고 겸손하게 하나님 말씀에 순종하며 살 것을 누누이 당부합니다. 만일 교만하여 하나님을 잊어버리면 저주를 받아 모든 것을 잃어버리게 됨을 깨우치고, 하나님을 잊지 아니하고 겸손히 순종하며 섬기면 큰 축복이 임하여 모든 것을 얻게 됨을 깨우쳐 줍니다.

▶나누어 볼까요?

왜 인간이 생명 같은 신앙을 쉽게 잃어버릴까요?

> **합심기도합시다.** 하나님을 잊지 아니하고 더 겸손히 잘 섬기도록

제 17과 모든 약속이 성취 되었더라

본문 : 여호수아 21장 43~45절   찬송가 : 424, 447장(새 380, 393)

여호수아서는 하나님의 약속이 성취됨을 보여주는 매우 중요한 성경입니다. '약속' 과 '성취' 이것은 하나님의 통치 방식입니다. 그것을 경험한 사람들은 하나님의 어떤 약속도 믿고 순종하게 됩니다. 장차 예수 그리스도를 통해 주실 엄청난 은혜를 받게 하기 위하여 하나님은 수천 년 동안 이 방식을 하나님 백성들에게 각인시켜 주셨습니다.

여호수아 21장 45절

"여호와께서 이스라엘 족속에게 말씀하신 선한 말씀이 하나도 남음이 없이 다 응하였더라"

▶같이 풀어봅시다.

1. 여호수아는 어떤 인물입니까?

* 모세의 종. 모세의 후계자. 하나님 명령에 순종하여 이스라엘 백성들을 이끌고, 가나안 땅에 들어가, 가나안 땅을 정복하고, 가나안 땅을 12지파에게 분배한 영적 지도자.

2. 하나님께서 아브라함에게 주신 약속이 어떻게 성취되었습니까(창 12:7, 15:18~21; 수 21:43~45)?

3. 하나님께서 여호수아에게 주신 약속이 어떻게 성취되었습니까(1:2~4, 6; 21:43~45)?

4. 가나안 정복의 비밀은 무엇입니까(6:1~11)?

메시지

　　하나님께서 이스라엘 백성들에게 요구한 것은 '믿음'이었습니다. 하나님에 대한 무조건적이고 절대적인 믿음을 바라셨습니다. 믿음은 하나님과 관계를 갖게 하는 연결고리입니다. 하나님에 대한 절대적인 믿음은 하나님과 절대적 관계를 갖게 합니다. 믿음은 은혜와 사랑의 통로입니다. 신앙생활의 원동력은 은혜입니다. 삶의 원동력인 은혜를 받게 하는 것이 믿음입니다. 하나님에 대한 절대적인 믿음은 어떤 악조건도 이기고 초월할 수 있는 힘을 갖게 합니다. 그러므로 하나님 백성들에게 절대적으로 필요한 것이 믿음입니다. 믿음은 순종하게 만듭니다. 하나님을 믿기 때문에 순종합니다. 그래서 믿음은 곧 순종인 것입니다. 순종을 통하여 성화됩니다. 하나님 백성으로 성장해 갑니다. 믿음 즉 순종을 통하여 하나님께서 주시고자 한 복을 받게 되고 누리게 됩니다. 믿음은 하나님을 의지하게 만듭니다. 하나님으로부터 독립이 죄의 뿌리인데 믿음은 하나님을 가까이 하며 하나님을 의지하고 사랑하게 만듭니다. 그러므로 믿음은 하나님의 백성들에게 절대적으로 필요한 기본 중의 기본입니다. 사탄은 이 믿음을 갖지 못하도록 방해합니다. 의심을 심습니다. 하나님과 분리를 시도합니다. 하나님과의 관계를 끊어버리도록 종용합니다. 믿음의 끈을 끊어버리려 합니다. 그러면 이 믿음을 갖게 하는 것이 무엇입니까?

　　믿음을 갖게 하는 것이 바로 하나님의 약속의 말씀과 성취입니다. "하나님의 약속을 믿었더니 반드시 성취 되더라" 이 확신을 갖게 될 때 비로소 신앙생활다운 신앙생활을 할 수 있는 것입니다. "하나님의 말씀은 틀림없는 보증수표다"는 확신을 갖도록 하나님께서는 수천 년 동안 수없이 약속과 성취를 반복하셨습니다. 하나님의 약속이 성취됨을 보고 사람들은 믿음을 갖게 됩니다. 어떤 악 조건 속에서도 하나님 말씀에 대한 믿음을 갖습니다. 어떤 사탄의 방해공작에도 흔들리지 않고 믿습니다. 아무런 희망이 보이지 않는 상황에서도 믿음을 갖고 하나님 말씀에 순종합니다. 아브라함이 그러하였습니다. 모세가 그러하였습니다. 여호수아가 그러하였습니다. 믿음으로 살았던 그들은 한결같이 하나님의 큰 복을 받게 되었습니다. 하나님의 약속은 일점일획도 땅에 떨어지지 아니하고 반드시 성취됩니다. 일찍이 아브라함, 이삭, 야곱에게 주셨던 약속이 드디어 여호수아의 가나안 정복과 분배로서 이루어지게 되었습니다.

　　"여호와께서 이스라엘 족속에게 말씀하신 선한 말씀이 하나도 남음이 없이 다 응하였더라"

　　하나님을 믿으십시오. 산 믿음을 가지십시오. 하나님에 대한 절대적 믿음을 가지십시오. 그리하면 하나님께서는 그 믿음을 통하여 놀라운 일을 행하실 것입니다.

▶ 나누어 볼까요?

하나님 말씀을 믿고 순종하여 큰 은혜를 체험해 보셨습니까?

| 합심기도합시다. | 산 믿음, 절대적인 믿음을 갖고 교회를 섬기도록 |

본문 : 사사기 2장 1~23절   찬송가 : 338, 330장(새 280, 272)

하나님께서는 이스라엘 민족을 선택하셔서 거룩한 나라를 만들고자 하셨습니다. 그 나라를 거룩한 제사장 나라로 만들어 인류를 죄에서 건지시고자 하셨습니다. 그런데 이스라엘 백성들은 가나안 땅에 들어가 타락하고 맙니다. 하나님 앞에서 세운 언약을 어기고 불순종한 결과는 비참한 것이었습니다.

사사기 2장 2절

"너희는 이 땅의 주민과 언약을 맺지 말며 그들의 제단을 헐라 하였거늘 너희가 내 목소리를 듣지 아니하였으니 어찌하여 그리하였느냐"

▶같이 풀어봅시다.

1. '보김'이란 무슨 뜻입니까? 왜 이스라엘 백성들이 보김에서 소리높이 울었습니까(1~5절)?

* '보김'은 '우는 자들'이란 뜻의 지명.
* 하나님의 사자가 타락한 이스라엘의 죄에 대하여 책망과 징벌의 메시지를 전하므로 소리높이 움.

2. 이스라엘 백성들이 언제부터 타락하기 시작하였습니까(6~10절)?

* 여호수아와 그와 함께 활동하던 장로들이 죽고 난 후부터 타락하기 시작함. 영적 리더십이 사라진 후.

3. 이스라엘 백성이 여호와를 버리고 타락한 결과가 무엇입니까(11~15절)?

* 하나님을 버리고 우상을 숭배한 결과 하나님의 진노를 받음. 원수들에게 노략을 당함. 원수들을 이길 힘을 잃어버림. 무수한 재앙을 받음. 심한 괴로움 속에서 울부짖음.

4. 도탄에 빠진 이스라엘이 어떻게 구원받게 되었습니까(16~23절)?

* 하나님께서 사사들을 세우시어 노략자의 손에서 구원하심. 이스라엘이 괴로움을 견디지 못하여 슬피 부르짖음을 듣고 하나님께서 사사들을 통해 구원해 주심. 그러나 이스라엘 백성들은 사사에게도 불순종함. 사사가 죽은 후에는 더욱 타락함.

메시지

인류의 역사는 창조 → 타락 → 구속(구원) → 완성으로 진행되어 가고 있습니다. 이러한 하나님의 인류 구속역사를 바라보면 인간의 죄와 하나님의 구원의 큰 두 줄기의 역사가 뒤섞여 흘러감을 깨닫게 됩니다. 인간은 끝없이 죄를 짓고 멸망 길을 걷습니다. 하나님은 끝없이 구원의 새 역사를 이루십니다.

하나님께서는 바벨탑을 쌓으며 하나님을 대적하는 인류에게 크게 실망하셨을 것입니다. 그러나 하나님께서는 아무 소망이 없는 아브라함 한 사람을 택하시어 은혜를 베푸시고 참 믿음을 갖도록 도우셨습니다. 하나님께서는 아브라함의 믿음을 보시고 언약을 세우셨습니다. 그리고 그의 후손을 잘 돌보시고 마침내 거룩한 나라를 만드셨습니다. 하나님께서는 그들을 열국의 제사장 나라로 세우시어 만백성을 구원하시고자 하셨습니다. 모세를 통해 율법과 성막을 베푸시며 거룩한 하나님의 뜻을 알려주셨습니다. 그리고 여호수아를 통해 약속의 땅 가나안 땅으로 인도하셨습니다. 가나안 땅에 들어간 이스라엘 백성들은 하나님 언약을 기억하며 하나님 말씀에 순종하여 거룩한 나라를 이루어 온 인류에게 여호와의 도를 가르쳐야 했습니다. 그런데 불행하게도 이스라엘 백성들은 하나님의 언약을 어기고 이방인들의 신을 섬기며 타락해 버리고 맙니다. 그들이 타락한 이유가 무엇입니까?

하나님 언약의 말씀을 잊어버렸기 때문입니다. 하나님의 목소리를 청종하지 아니하고 세상의 소리를 듣고 거기에 빠진 것입니다. 아무리 세상에서 별별 소리를 외쳐도 그들은 하나님의 목소리를 듣고 말씀에 순종해야 했습니다. 오늘날도 타락한 사람들을 보면 하나님 말씀에 귀 기울이지 아니하고 세상문화에 빠져 들어가기에 타락의 길을 걷는 것을 봅니다. 그리고 인간은 자기를 지킬 영적 능력이 없기 때문에 타락합니다. 그러므로 인간은 반드시 영적 지도자 밑에서 지도를 받아야 합니다. 여호수아 사는 동안 이스라엘은 하나님을 잘 섬겼습니다. 심지어 여호수아와 함께 활동한 장로들이 살아있는 동안까지는 타락하지 아니했습니다. 그런데 영적 지도자들이 죽은 후엔 타락해버리고 말았습니다. 인간은 참으로 영적 지도자의 지도와 책망과 보호와 위로를 받으며 살아야 타락하지 않는 것입니다. 죄인인 인간들은 달콤한 세상 문화 속에 있는 사탄의 간교한 유혹을 간파하지 못합니다. 인간의 죄의 본성은 죄를 부추기는 죄의 문화에 매력을 느낍니다. 그 죄의 본성을 다스려야 하는 데 그것을 이길 힘이 없어 죄에 끌려가고 맙니다. 타락한 이스라엘은 대적을 물리칠 힘을 잃어버리고 대적에게 노략을 당하며 비참하게 살아야 했습니다. 하나님께서는 이 불쌍한 백성들을 다시 구원하여 주십니다. 하나님의 말씀을 버린 자는 멸망 길로 가며 하나님 말씀에 순종하는 자는 구원을 얻게 됩니다.

▶ 나누어 볼까요?

사람들은 왜 타락하여 멸망 길로 나갈까요?

합심기도합시다.	하나님 목소리를 청종하며 살도록

제 19과 타락, 고통, 구원, 평화

본문 : 사사기 13장 1~14절   찬송가 : 331, 337장(새 273, 279)

하나님께서는 연약하기 그지없는 이스라엘이지만 소망을 가지고 인도하십니다. 그들을 열국의 제사장 나라로 세우셔서 온 세상을 구원하고자 하십니다. 그런데 안타깝게도 이스라엘 백성들은 하나님의 거룩한 뜻에 순종하지 못하고 계속 실패하고 맙니다. 그러나 하나님께서는 그 못난 백성들을 다시 품으시며 한없는 사랑을 베푸십니다.

사사기 13장 1절

"이스라엘 자손이 다시 여호와의 목전에 악을 행하였으므로 여호와께서 그들을 사십년 동안 블레셋 사람의 손에 넘겨 주니라"

▶같이 풀어봅시다.

1. 드보라가 누구입니까? 하나님께서 그녀를 통해 어떤 구원 역사를 이루셨습니까(4, 5장)?

* 드보라는 사사 중 유일한 여성임. 가나안 야빈의 손에서 구원한 구국 영웅.
* 에훗 사사가 죽은 후 이스라엘의 범죄, 가나안 야빈이 20년 압제, 여자 사사 드보라를 통한 이스라엘 민족 구원, 40년간 평화.

2. 기드온이 누구입니까? 하나님께서 그를 통해 어떤 구원을 이루셨습니까(6~8장)

* 기드온은 300용사로 미디안을 물리치고 민족을 구원한 뛰어난 사사.
* 이스라엘이 또 죄를 범하므로 미디안 족속에게 7년 동안 압제를 받음, 하나님께서 기드온 사사를 일으켜 세워 이스라엘 민족을 구원함, 40년간의 평화.

3. 입다가 누구입니까? 하나님께서 그를 통해 어떤 구원을 이루셨습니까(10~12장)?

* 입다는 암몬 족속으로부터 민족을 구원한 사사.
* 이스라엘이 또 우상숭배의 죄를 지음, 블레셋과 암몬 족속이 18년 동안 이스라엘 자손을 억압함, 하나님께서 입다를 통해 이스라엘을 구원함, 7년간의 평화.

4. 삼손이 누구입니까? 하나님께서 그를 통해 어떤 구원을 이루셨습니까(13~16장)?

* 삼손은 블레셋 족속으로부터 민족을 구원한 최고의 영웅.
* 또 죄를 범한 이스라엘, 40년간 블레셋의 지배를 받음, 하나님께서 삼손을 통해 블레셋을 크게 무찌르고 민족을 구원함, 20년간 평화가 있음.

5. 왜 이렇게 죄악의 악순환이 계속 된 것입니까(4:1, 6:1, 10:6, 13:1)?

메시지

사사기를 읽다보면 "아니 이럴 수가 있을까?" "하나님의 그 큰 은혜를 받은 하나님의 백성들이 어떻게 그럴 수가 있을까?" 질문이 생깁니다.

꼭 무슨 공식처럼 죄의 악순환이 반복됩니다. 이스라엘이 우상숭배의 죄를 저지름(타락) → 외적의 침략을 받아 노략질 당하며 심한 압제를 받음(고통) → 슬피 부르짖는 소리를 들으신 하나님께서 사사를 세우셔서 이스라엘 백성을 구원하심(구원) → 사사가 살아있는 동안 한동안 평화를 누림(평화). 그리고 또다시 하나님 앞에 죄를 범하여 똑 같은 죄의 악순환을 반복합니다. 타락 → 고통 → 부르짖음 → 구원 → 평화. 이 죄의 악순환은 사실 현대 신자들의 삶 속에서도 흔히 볼 수 있는 현상입니다. 즉 모든 인류가 범하고 있는 죄의 악순환입니다.

이 죄의 악순환을 보면서 먼저 인간의 죄의 본성을 생각하지 않을 수 없습니다. "왜 인간은 그 모양인가? 은혜를 받았으면 그 은혜를 깊이 간직해야지 왜 또 그렇게 죄를 반복한단 말인가? 그렇게 뜨거운 맛을 보았으면 다시는 그 짓을 하지 말아야 하는데 왜 죽을 짓을 또 한단 말인가? 인간이 그렇게 형편없는 존재란 말인가? 죽을 지경이 되면 살려달라고 슬피 부르짖고 살려주면 언제 그랬느냐는 식으로 또 죄를 저지르는 인간. 슬프도다. 오, 인간이여!" 이 죄악의 악순환의 고리를 끊어버리고 바람직한 인간으로 될 수 있는 길이 무엇입니까? 하나님께 대한 깊은 신뢰와 믿음 그리고 순종입니다. 아브라함, 모세, 여호수아가 보여주었던 그 믿음과 순종이 죄를 벗어나게 합니다. 그리고 하나님께 깊은 감사하는 마음과 말씀에 순종하는 훈련이 필요합니다. 인간은 영적 지도자 밑에서 지도와 보호와 사랑을 받아야 하는 존재입니다. 인간은 목자의 보호와 사랑이 필요한 양과 같은 존재입니다.

죄의 악순환을 보면서 하나님의 신실성과 영원한 사랑을 발견합니다. 그렇게 사랑하였건만 또 배신하고, 또 배신하는 그들을 볼 때 구역질이 날 정도로 싫증이 나지 않을 수 없습니다. 그런데 또 용서하시고 또 용서하시는 하나님의 사랑은 참으로 경탄하지 않을 수 없습니다. "어떻게 그처럼 또 용서하시고 구원하실 수 있을까? 친 자식도 못된 짓을 반복하면 짜증이 나고 외면할 수밖에 없는데 어떻게 그런 사랑을 베푸실까? 친 자식을 기르는 부모보다 더 큰 사랑으로 자기 백성을 사랑하시고 도우시는 하나님, 신기하고 놀라운 사랑의 하나님!" 인간 문제의 해답은 하나님께 있음을 고백하지 않을 수 없습니다.

▶ **나누어 볼까요?**

왜 인간은 똑같은 실수와 죄를 반복할 까요?

합심기도합시다. 하나님 말씀을 가슴 깊이 새기고 믿음과 순종으로 살도록

하나님 품으로 온 이방인

본문 : 룻기 2장 1~16절   찬송가 : 463, 338장(새 400, 280)

사사기와 룻기는 매우 대조적인 성경입니다. 사사기에 나오는 이스라엘 백성들의 모습은 매우 실망스럽습니다. 하나님의 언약을 어기며 우상을 숭배하였습니다. 심지어 동족끼리 싸우며 서로 죽이는 일을 하였습니다. 그런데 이방 여인 룻은 하나님 품으로 돌아와 정말 아름다운 삶을 삽니다. 하나님께서 큰 상을 내리시며 귀하게 사용하십니다.

룻기 2장 12절

"여호와께서 네가 행한 일에 보답하시기를 원하며 이스라엘의 하나님 여호와께서 그의 날개 아래에 보호를 받으러 온 네게 온전한 상 주기를 원하노라 하는지라"

▶같이 풀어봅시다.

1. 룻이 보아스의 밭에서 무엇을 하고 있었습니까(1~3절)? 룻에 대한 사람들의 평판에 어떠하였습니까(5~7, 11절)?

* 이삭을 줍고 있었음(2절). 가난한 사람은 먹을 식량이 없었으므로 남의 밭에 가서 땅에 떨어진 이삭을 주웠음.
* 놀라운 이민 여성. 예절 바른 여인. 매우 근면한 여인, 효심이 지극한 여인. 개종한 여인.

2. 보아스가 룻에게 어떤 친절을 베풀었습니까(8~9, 14~16절)? 왜 그런 친절을 베풀었을까요?

* 이삭 줍도록 허락. 룻을 보호하는 명령을 함. 칭찬을 함. 음식을 제공. 이삭을 흘리게 함.
* 그녀의 효심과 아름다운 행실에 감동하였기에.

3. 보아스가 룻에게 무슨 하나님의 말씀을 전달하였습니까(11, 12절)?

* 은밀히 행한 룻의 선한 행실이 다 알려졌느니라. 하나님 품으로 온 네게 하나님의 상이 있으리라.

4. 룻이 어떤 큰 상을 받았습니까(4:13~22)?

* 보아스와 결혼함. 부귀 영광의 복. 다윗의 할아버지인 오벳을 낳음. 메시아의 조상이 됨.

메시지

　　사사기와 룻기는 같은 시대를 배경으로 한 기록입니다. 사사기에는 하나님의 언약을 어기며 불순종하여 비참하게 살아가는 이스라엘 백성들의 모습이 나옵니다. 룻기에는 이방민족인 모압 여인 룻이 하나님 품으로 돌아와 아름답게 살며 큰 상을 받는 모습이 나옵니다. 두 성경이 상반된 모습을 보여줌은 큰 교훈을 주고자 함입니다.

　　하나님은 개인과 국가의 복과 화, 흥망성쇠를 주관하시는 역사의 주관자이십니다. 하나님을 잘 섬기는 자에게는 큰 복을 내리시고 하나님을 거역하는 자에게는 큰 벌을 내리십니다. 하나님을 경외하며 사는 것이 인생의 큰 복이요, 하나님을 떠나는 것은 자기 생명줄을 잘라버림과 같습니다.

　　하나님의 큰 사랑과 은혜로 가나안 땅에 들어온 이스라엘 백성들은 오직 하나님의 명을 받들어 순종하며 살아야 했습니다. 그것은 하나님과 맺은 언약이며 이스라엘 백성들이 하나님 앞에 서약하였던 바입니다. 그런데 하나님의 백성들이 그 언약을 잊어버리고 이방민족이 섬기는 우상을 섬기며 타락하고 말았습니다. 하나님께서는 이미 사람들의 죄의 본성을 인식하고 경고하였습니다. 그런데도 그들은 더욱 패역하여 죄를 범하고 말았습니다. 하나님의 실망과 슬픔은 이루 말할 수 없었습니다.

　　그런 중에 이방 여인 룻의 신앙과 행실은 청량제 역할을 하였습니다. 룻은 모압 여인이었습니다. 그런데 이스라엘 사람과 결혼하였습니다. 하나님에 대한 신앙을 갖게 되었습니다. 그녀는 신앙 안에서 시어머니를 만났고 아무 소망이 없는 절망적인 상황 속에서도 시어머니를 버리지 아니하고 하나님 품으로 들어왔습니다. 하나님의 백성들이 어리석게도 우상숭배의 유혹에 빠져 있을 때에 이 이방여인은 하나님 품으로 돌아온 것입니다. 아무 바랄 것도 없고 고생할 것이 뻔한 속에서 하나님 품으로 들어와 살고 있는 이 여인을 하나님께서는 크게 사랑하시고 복을 내리신 것입니다. 큰 고생을 하고 있는 룻은 낯선 사람들이 베풀어 주는 감동적인 사랑에 눈물이 났을 것입니다. 그 배후에는 하나님의 손길이 있었습니다. 역사의 주관자 하나님은 이 여인에게 현실적인 복인 결혼과 사회적 지위와 존귀함을 주셨고 더 나아가 그녀가 낳은 오벳을 통하여 다윗 왕국과 메시아 왕국을 준비하셨습니다.

　　참으로 하나님의 섭리는 오묘합니다. 하나님은 중심의 믿음을 보시고 큰 은혜와 상을 내리십니다. 하나님께서는 믿음으로 진실하게 사는 자를 결코 실망시키지 않습니다. 하나님을 경외하고 순종하며 사는 것이 인생의 본분이요 영광입니다.

▶ 나누어 볼까요?

왜 인간들은 그렇게도 좋으신 하나님 품을 떠나려 할까요?

합심기도합시다.	오직 여호와 하나님을 사랑하고 순종하며 살도록

제 21과 백성을 회개시키는 사무엘

본문 : 사무엘상 7장 3~17절   찬송가 : 172, 339장(새 183, 282)

영적방황기인 사사 시대가 끝날 때 하나님께서는 사무엘을 부르셔서 찬란한 다윗 왕국을 열게 하십니다. 사무엘은 하나님과 대면하여 율법을 받았던 모세와 하나님 백성을 회개시켰던 엘리야 선지자의 중간에 해당되는 인물로서 다윗 왕국의 기초를 놓은 사람입니다. 사무엘은 먼저 백성들을 회개시킵니다.

사무엘상 7장 5절

"사무엘이 이르되 온 이스라엘은 미스바로 모이라 내가 너희를 위하여 여호와께 기도하리라 하매"

▶같이 풀어봅시다.

1. 사무엘이 어떻게 이스라엘을 다스리는 자의 위치에 오르게 되었습니까(1~6장 참조)?

* 온 세상이 타락하여 하나님을 외면할 때에 기도하는 여인 한나의 기도 응답으로 사무엘이 탄생함. 한나는 아들을 하나님께 바침. 사무엘은 성막에서 수종드는 어린 종이 됨. 당시 제사장 엘리와 그 아들들의 타락으로 그들은 형벌을 받아 죽음. 사무엘이 새로운 영적 지도자로 부름 받음.

2. 영적 지도자가 된 사무엘의 첫 과업이 무엇이었습니까(3, 4절)?

* 하나님의 백성인 이스라엘의 우상숭배의 죄를 회개시키고 오직 하나님만 섬기도록 회개운동을 일으킴.

3. 사무엘이 미스바에서 무슨 일을 하였습니까(5~11절)?

* 영적 대 각성 성회를 가짐. 금식하고 회개 기도함(5, 6). 블레셋의 침공을 물리치도록 구국 기도를 함. 기도 응답을 받아 대승을 거둠(7~11절).

4. 사무엘이 어떻게 이스라엘을 다스렸습니까(12~17절)?

* 에벤에셀(도움의 돌) 기념비처럼 하나님 도우심을 받아 통치함. 전적으로 하나님께 의지하며 순종하여 하나님 중심적인 신정통치를 함. 하나님 말씀, 기도, 회개, 하나님 중심적인 통치, 순회하며 백성들을 돌아봄.

메시지

　이스라엘 역사에 큰 위기가 찾아왔습니다. 백성들이 계속 죄를 지음으로 하나님의 진노를 받게 되었습니다. 하나님의 은혜로 간신히 위기를 극복하였어도 백성들은 다시 죄를 지음으로 희망이 없어졌습니다. 그대로 가면 이스라엘은 완전히 멸망 받을 처지에 놓이게 되었습니다. 영적으로 타락하니 바로 도덕적으로 타락하였습니다. 백성들은 지역 이기주의, 자파 이기주의에 빠져 동족 간에도 싸움이 벌어졌습니다. 영적 지도자인 엘리는 늙어 무기력하였고 그 뒤를 이을 젊은 제사장들은 극도로 타락하여 전혀 소망이 보이지 않았습니다.

　인간을 바라보면 절망이나 하나님을 바라보면 항상 희망입니다. 이러한 절망적인 상황 속에서 하나님은 새롭게 새 역사를 이루십니다. 하나님은 항상 새 일꾼을 세우셔서 새 역사를 이루십니다.

　사사 시대의 끝, 곧 캄캄함이 극에 달했을 때 웬 여인이 성막에 와서 기도하는 것이었습니다. 국가, 민족, 시대를 위해 기도하는 것이 아니었고 아들을 낳게 해 달라는 지극히 개인적인 기도를 하는 것이었습니다. 그러나 하나님은 기도하는 여인의 기도에 귀 기울이셨습니다. 소원대로 아들을 낳게 해주셨습니다. 그 아들이 사무엘이었습니다. 한나는 서원한 대로 귀한 아들을 하나님께 바쳤습니다. 그래서 어린 사무엘은 성막에서 제사장의 심부름을 하게 되었습니다. 그런데 엘리 제사장은 늙었고 그의 아들 제사장들은 몹시 타락하여 하나님의 일을 할 수 없었습니다. 그래서 하나님께서는 어린 사무엘을 부르시어 찬란한 다윗 왕국 시대를 여셨습니다.

　사무엘은 부름 받아 민족 회개운동을 전개하였습니다. "전심으로 여호와께 돌아오라", "이방 신들과 아스다롯을 제거하라", "오직 하나님만을 섬기라 그리하면 하나님께서 너희를 블레셋 손에서 건지시리라" 이러한 회개 메시지를 들은 백성들은 회개하기 시작했습니다. 이스라엘 백성들은 하나님의 음성을 들려주는 선지자를 목마르게 기다렸던 것입니다. 우상을 제거하기 시작했습니다. 사무엘은 미스바 영적 대 각성 성회를 열었습니다. 금식 기도, 회개 기도하며 하나님께 나아갔습니다. 이전 사사들에게서 볼 수 없는 영적 리더십이었습니다. 하나님께서는 사무엘 기도에 응답하셔서 블레셋을 물리치도록 도와주셨습니다. 사무엘은 모세와 같은 영적리더십을 가지고 신정주의 통치를 하였습니다. 순회하며 백성들을 돌보며 통치하였습니다. 하나님은 이 시대에도 하나님의 새 역사를 이룰 일꾼을 찾고 계십니다.

▶ **나누어 볼까요?**

하나님께서 진정 기뻐하시는 삶은 어떤 것입니까?

합심기도합시다. 　하나님 앞에 진정 회개하고 하나님을 온전히 섬기도록

다윗을 세우신 하나님

본문 : 사무엘상 16장 1~13절   찬송가 : 169, 378장(새 182, 597)

인류 구속사에 다윗 왕국은 매우 중요한 위치를 차지합니다. 아브라함에게 약속한 언약이 구체적으로 다윗 왕국에서 성취됩니다. 그리고 다윗 왕국은 장차 도래할 메시아 왕국의 모형을 보여줍니다. 하나님께서 어떻게 다윗을 세우셨습니까?

사무엘상 16장 13절

"사무엘이 기름 뿔병을 가져다가 그의 형제 중에서 그에게 부었더니 이 날 이후로 다윗이 여호와의 영에게 크게 감동되니라"

▶같이 풀어봅시다.

1. 사울이 어떻게 이스라엘의 초대 왕이 되었습니까(8~11장 참조)?

* 사무엘의 아들들이 영적 지도자 감이 못됨(8:1~3). 백성들이 왕을 세워달라고 간청함(8:4~9). 사무엘이 하나님 지시를 받아 사울의 머리에 기름을 부음((9:17, 10:1). 사울이 왕으로 뽑힘(10:17~24). 사울이 야베스를 침략한 암몬 군대를 물리침(11:6~11). 백성들이 사울을 왕으로 추대함(11:12, 15).

2. 하나님께서 왜 초대 왕 사울을 버리셨습니까(13, 15장 참조)?

* 사울이 사무엘을 기다리지 못하고 임의로 제사를 드림(13:8~14)? 아말렉 전투에서 사울이 하나님 말씀에 불순종함(15:2, 3, 9, 18, 19, 23). 이스라엘의 진정한 왕은 하나님이시며 사울 왕은 대리인인데 대리인 역할을 제대로 수행하지 못하므로 버리셨음.

3. 사무엘이 이새의 아들 중 누구에게 기름 붓고자 하였습니까(1~10절)? 하나님께서 사람을 보시는 기준은 무엇입니까(7절)?

* 장자 엘리압에게 기름 붓고자 함. 차자 아비나답, 삼남 삼마, 그리고 7남까지 면접한 후에 하나님께서 택한 사람이 없음을 깨달음. 하나님 지시를 받아 맨 나중 양치는 막내 다윗에게 기름 부음.
* 하나님은 외모(키, 얼굴, 장자, 학벌, 돈, 사회적 지위)를 보시지 않고 중심(신앙, 인격, 자세, 충성심)을 보심.

4. 하나님께서 왜 다윗을 택하셨을까요?

메시지

　　하나님의 인류 구속사에서 아브라함 선택, 출애굽, 가나안 땅 정복, 다윗 왕국 출현은 매우 중요한 사건입니다. 사무엘상, 사무엘하, 역대상 긴 분량의 성경은 다윗 왕국을 설명하고자 기록된 책입니다. 신약성경 맨 첫 책, 첫머리에서 아브라함, 다윗, 예수 그리스도 세 인물을 언급합니다. 아브라함의 언약, 다윗의 언약의 성취로 오신 인류의 메시아 예수 그리스도를 선포하는 말씀입니다. 그렇게도 중요한 다윗 왕국이 어떻게 시작되었습니까?

　　먼저 사울 왕의 실패로 새 왕이 필요했습니다. 이스라엘의 초대 왕 사울의 출발은 좋았습니다. 겸손했습니다. 성실했습니다. 잃어버린 암나귀를 열심히 찾았습니다. 뜨거운 애국심이 있었습니다. 위기에 빠진 동족을 구원하였습니다. 그런데 왜 하나님의 버림을 받았습니까? 불순종 때문입니다. 제사장이 드리는 번제를 자기 임의로 드렸습니다. 아말렉을 진멸하라는 하나님 명령을 어기고 자기 경제적 논리로 처리해버렸습니다. 한마디로 사울은 자기 위에 계신 영원한 왕 하나님을 바라보지 못하고 자기 임의로 통치하는 것이었습니다. 나중에 사울은 착한 신하를 무고하게 죽이려 하였고, 제사장 85명과 제사장 성읍 남녀를 학살하였으며, 점쟁이에게 찾아감으로 하나님의 버림을 받게 되었습니다. 사울은 참 왕이신 하나님께 불순종함으로 하나님의 대리인 자격을 상실하고 만 것입니다.

　　하나님은 새 왕이 필요했습니다. 사무엘은 하나님 명을 받들어 베들레헴 이새를 찾아갔습니다. 이새는 하나님의 종을 맞아 일곱 자식들을 성결하게 하고 사무엘을 모시게 하였습니다. 사무엘은 장자 엘리압을 보고 그에게 기름 붓고자 하였습니다. 하나님께서는 사무엘에게 외모를 보지 말고 중심을 보도록 말씀하셨습니다. 장자, 얼굴, 키, 사회적 지위 등 외모를 보지 말고 신앙, 인격, 자세, 충성심 등 중심을 보도록 말씀하셨습니다. 하나님의 기준에 맞는 사람이 일곱 아들 가운데는 없었습니다. 그래서 들에서 양치는 막내 여덟 째 아들을 급히 불러왔습니다. 사무엘이 다윗을 본 순간 "이 사람이 그니 일어나 기름을 부으라"는 하나님 음성이 들려왔습니다. 기름부음을 받은 다윗은 여호와의 영에게 크게 감동되었습니다. 하나님을 진정 사랑하는 종, 하나님을 진정 기뻐하는 종, 하나님의 인정받는 것을 최고의 상급으로 여기는 종으로서 청년 다윗은 성장해 갔습니다.

　　이렇게 하여 다윗은 하나님의 선택을 입게 되었습니다. 그리고 찬란한 다윗 왕국이 시작된 것입니다. 다윗은 어느 왕보다도 하나님을 경외하는 왕이었습니다. 하나님의 뜻을 받들어 통치하는 왕이었습니다. 하나님의 뜻대로 백성을 사랑하며 진리와 공의로 다스렸습니다. 그래서 하나님의 큰 총애를 받게 되었습니다.

▶ **나누어 볼까요?**

중심을 보시는 하나님께서 당신을 쓰실만한 믿음이 있습니까?

합심기도합시다.　｜　타는 듯이 하나님을 사랑하는 다윗의 믿음을 주소서!

사울을 선대하는 다윗

본문 : 사무엘상 26장 1~12절   찬송가 : 102, 493장(새 94, 436)

하나님께서는 이스라엘을 출애굽 시켜서 거룩한 나라를 이루시고자 하셨습니다. 광야 40년 동안 연단하셨습니다. 그리고 가나안 땅을 정복하게 하셨습니다. 이러한 하나님의 큰 은혜에도 불구하고 이스라엘 백성들은 하나님 말씀에 불순종하고 우상을 숭배하였습니다. 그러나 하나님께서는 메시아 왕국의 모형이 되는 다윗 왕국을 일으키셨습니다. 다윗은 어떤 사람입니까?

사무엘상 26장 9절

"다윗이 아비새에게 이르되 죽이지 말라 누구든지 손을 들어 여호와의 기름부음 받은 자를 치면 죄가 없겠느냐하고"

▶같이 풀어봅시다.

1. 사울 왕이 무슨 목적으로 군사작전을 벌입니까(1~3절)? 동원된 군사가 어느 정도였습니까? 사울 왕이 왜 다윗을 죽이려합니까(삼상 18:6~9, 20:30,31)?

* 다윗을 체포하여 죽이려는 작전.
* 3,000명
* 시기심 때문. 다윗의 인기가 치솟자 자기 왕위를 위협하는 적으로 인식함.

2. 다윗은 자기를 체포하러 온 정보를 듣고 어떤 행동을 하였습니까(3~6절)?

* 피하지 아니하고 밤중에 사울의 진영으로 들어감.
* 하나님께서 약속하신 땅을 떠나지 아니하고, 장거리 도보로 피곤한 약점을 간파하고 적진으로 들어감. 다윗의 군사적 지식과 전술 전략적 능력을 엿볼 수 있는 모습.

3. 다윗의 심복 아비새가 무슨 제안을 하였습니까(7,8절)? 다윗이 왜 말렸습니까(9,10절)?

* 심히 피곤하여 깊이 잠들어 있는 사울을 자기가 단번에 찔러 죽이겠다고 제안함. 하나님이 주신 절호의 기회라고 말함.
* 여호와께서 기름 부어 세우신 종을 해할 수 없다고 말하며 말림. 하나님을 경외하는 신앙. 하나님 앞에 죄짓지 않으려는 순종심. 하나님 중심적인 생각과 인격, 행동.

4. 다윗이 원수 사울을 어떻게 감동시켰습니까?

메시지

하나님의 인류 구속사에서 다윗 언약과 다윗 왕국이 차지하는 비중은 매우 큽니다. 하나님께서는 메시아의 모습과 메시아의 왕국 곧 하나님 나라의 모습을 다윗과 그의 왕국에서 미리 보여 주셨습니다. 다윗과 다윗 왕국은 메시아와 하나님 나라의 모형입니다. 이러한 하나님의 뜻은 다윗 언약에 잘 나타나 있습니다. 도대체 다윗이 어떤 사람이기에 하나님께서 그에게 그런 엄청난 은혜를 베푸신 것입니까?

다윗이 이렇게 귀히 쓰임을 받은 것은 순전한 하나님의 은혜입니다. 하나님께서 다윗을 선택하셨고 하나님께서 은혜를 주셨기에 다윗이 그런 고귀한 삶을 살게 된 것입니다. 사울은 하나님께서 은혜를 주셨건만 불순종하고 믿음으로 살지 않으며 스스로 은혜를 상실해 버렸습니다. 그러나 다윗은 하나님의 은혜를 기쁘게 영접하였습니다. 하나님을 자기 왕으로 모시고 하나님 말씀에 순종하였습니다. 다윗이 하나님을 자기 왕으로 모신 결정적인 증거가 바로 원수 사울을 두 번이나 살려 주는 그의 믿음과 행동입니다.

사울 왕은 백성들의 인기가 다윗에게 쏠림을 참을 수가 없었습니다. 시기심에 다윗을 죽이고자 하였습니다. 다윗을 자기 왕위를 위협하는 적으로 생각한 것입니다. 다윗을 수차례 죽이고자 했으나 실패하자 군사 3,000명을 풀어 이 잡듯 수색하였습니다. 다윗은 까닭 없이 자기를 죽이려는 왕의 행동에 매우 혼란스러웠을 것입니다. 자기는 왕을 위하여 목숨도 아까워하지 않고 충성을 다하였는데 자기를 죽이려고 군사 3,000명을 동원하다니... 매우 원망스러웠을 것입니다. 그런데 사울이 자기가 숨어있는 동굴에 들어왔을 때 죽일 수 있는 절호의 기회가 왔는데도 그는 죽이지 않았습니다. 왜 그랬을까요? 하나님 뜻이 아니었기 때문이었습니다. 하나님께서 세우신 종을 자기가 죽이는 것을 하나님께서 기뻐하실 리가 없습니다. 그래서 다윗은 자기가 죽일 수 있었다는 증거를 남기기 위해서 옷자락만 베었습니다. 그런데 사울 왕이 또다시 군사 3,000명을 동원하여 자기를 죽이려고 온 것입니다. 한없이 미웠을 것입니다. 배신감을 느꼈을 것입니다. 이번엔 심복 아비새가 죽이겠다고 자청하였습니다. 가만히 있기만 하면 원수를 제거하고 지긋지긋한 망명생활도 끝낼 수 있는 절호의 기회가 온 것입니다. 그런데 왜 다윗은 원수 사울을 죽이려는 것을 말렸습니까? "여호와의 기름 부음 받은 자를 치는 것을 여호와께서 금하시나니" 다윗은 하나님을 경외하는 사람이었습니다. 하나님께서 세우신 왕을 자기가 죽일 수 없었습니다. 하나님께 순종했습니다. 그 믿음이 위대한 다윗이 되는 비결이었습니다.

▶ 나누어 볼까요?

사울을 선대하는 다윗에게서 당신은 무엇을 배웠습니까?

합심기도합시다.　　진정으로 하나님을 경외하며 사랑하는 신앙을 가지도록

본문 : 사무엘하 6장 1~19절   찬송가 : 82, 208장(새 95, 289)

다윗은 하나님을 왕으로 모시고 신정통치를 하는 신정국가를 이루고자 했습니다. 그래서 왕국을 통일한 후에 무엇보다 하나님 임재의 상징인 언약궤를 성에 모셔 들이고자하였습니다. 사울 왕은 40년 재위 기간(행 13:21) 동안 한 번도 언약궤에 관심을 기울이지 않았지만 다윗은 통일 이스라엘의 왕이 되자마자 첫 사업으로 언약궤를 수도 예루살렘으로 모시어 들입니다.

사무엘하 6장 15절

"다윗과 온 이스라엘 족속이 즐거이 환호하며 나팔을 불고 여호와의 언약궤를 메어 오니라"

▶같이 풀어봅시다.

1. 다윗이 언약궤를 예루살렘으로 모셔 올리고자 얼마나 많은 노력을 기울입니까(1~5절)?

* 3만 명 동원. 왕이 직접 진두지휘함. 새 수레를 만들어 언약궤를 운반함. 여러 악기, 곧 수금, 비파, 소고, 양금, 제금으로 연주함.

2. 온 정성을 기울여 언약궤를 옮기는 중 무슨 불상사가 일어납니까(6~8절)? 그 원인은 무엇입니까(민 4:5,14~15)?

* 나곤의 타작마당에서 소들이 뛰므로 웃사가 언약궤를 붙들다가 즉사함.
* 언약궤를 옮기려면 고핫 제사장 가문의 사람들이 채를 언약궤 고리에 꿰어 반드시 어깨에 메어 옮겨야했고 절대로 손으로 만지면 안 되었음.

3. 다윗이 실패 후에 무슨 동기로 다시 언약궤를 메어 올립니까(9~12절)? 어떻게 언약궤를 다윗성에 모셔 들입니까(13~16절)?

* 여호와께서 언약궤로 말미암아 오벧에돔의 집에 복을 주셨다 함을 듣고.
* 고핫 자손들로(역대상 15:5,11~15) 법대로 어깨에 메도록 함. 소와 살진 송아지로 제사를 드림. 다윗 왕이 힘을 다하여 춤을 춤. 왕과 온 백성이 즐거이 환호하며 나팔을 불고 언약궤를 모셔 들임.

4. 다윗이 어떻게 이 일을 국민적 축제로 이끕니까(17~19절)?

메시지

다윗 왕이 이스라엘 백성들과 하나님 백성들에게 칭송을 받는 것은 하나님을 경외하는 믿음, 공의로운 통치, 하나님과 백성을 사랑함, 번영 때문입니다. 이러한 모습은 인류 구원의 메시아와 메시아 왕국의 모형이 되었습니다. 참으로 다윗은 하나님을 경외하였습니다. 하나님께서 친히 다스리는 신정 통치를 실현하였습니다. 먼저 왕이 하나님을 왕으로 모셨고 하나님 말씀에 따라 통치하였습니다. 그러한 통치철학을 가진 다윗 왕은 하나님 임재의 상징인 언약궤에 대한 관심이 비상하였습니다.

통일 이스라엘의 왕이 되자마자 다윗은 언약궤를 다윗성에 모셔 들입니다. 사울 왕이 재위 40년 동안 단 한 번도 관심을 갖지 않는 것과 매우 대조적입니다. 다윗은 3만 명을 동원하고 온 정성을 다하여 언약궤를 모시고자 했지만 뜻밖의 불상사를 만나 중단할 수밖에 없었습니다. 그러나 다시 회개하고 연구하여 언약궤를 모셔 들이는 다윗의 하나님 사랑은 감동적입니다. 겸손, 회개, 사랑, 열정으로 언약궤를 마침내 예루살렘 다윗성에 모셔 들였습니다. 언약궤에 대한 말씀 연구가 있었고 회개하고 겸손히 재시도하였습니다. 하나님 앞에 제사를 드렸습니다. 하나님을 모시는 기쁨에 왕이 체면도 버린 채 기뻐 춤을 추었습니다. 냉소주의자들의 빈정거림에 아랑곳하지 않고 기쁘게 하나님 언약궤를 모셨습니다. 온 백성들 남녀를 막론하고 떡 한 덩이와 고기 한 조각 건포도 한 덩이씩을 나눠 주어 국민적 축제로 기쁨을 함께 누렸습니다. 춤추는 왕, 정말 아름답습니다. 하나님을 모시고 기뻐 어쩔 줄 모르는 왕, 하나님 앞에서 어린 아이처럼 즐거워하는 왕, 너무나 기뻐서 모든 백성들에게 선물꾸러미를 만들어 주며 기쁨을 나누는 왕, 아름답습니다. 오늘날에도 이러한 지도자들이 있다면 얼마나 좋을까요?

언약궤가 무엇이기에 왕이 그처럼 비상한 관심을 갖는 것입니까? 하나님의 언약 곧 십계명과 속죄소(언약궤 덮개), 맛나 항아리, 아론의 싹 난 지팡이가 들어있는 하나님 임재의 상징입니다. 다윗은 오로지 하나님 영광뿐이었습니다. 이 나라는 하나님 나라요, 이 백성은 하나님의 백성이요, 모든 통치는 하나님 뜻대로 해야 된다는 것이 그의 통치 철학이었습니다.

오늘날도 하나님을 마음 지성소에 다윗처럼 모신 사람에게 하나님은 큰 은혜를 베풀어 주십니다. "나의 맘속에 온전히 주님만 모셔놓고 나의 정성을 다하여 주를 섬기리. 나 기쁠 때나 또 슬플 때나 늘 오직 한맘 주 위해. 한 평생 주만 모시고 찬송하며 살리라. 주는 나의 큰 능력, 주는 나의 큰 소망 내가 항상 영원히 주님만을 섬기리."

하나님을 마음 첫 자리에 모셔 들이십시오. 하나님 말씀을 마음 중심에 새겨 두십시오. 하나님을 왕으로 모시고 순종하며 살 때 천국이 임할 것입니다.

▶ **나누어 볼까요?**

당신은 하나님 때문에 기뻐 춤을 춘 적이 있습니까?

합심기도합시다. 평생 마음 첫 자리에 하나님을 모시고 순종하며 살게 하소서!

본문 : 역대상 29장 1~19절 　　　　 찬송가 : 404, 352장(새 304, 313)

찬란한 왕국을 이룬 다윗 왕은 오직 하나님께 영광을 돌리고자 합니다. 하나님을 사랑하는 마음의 표현으로 성전을 건축하여 하나님께 영광을 돌리고자 합니다. 그러나 하나님께서 허락하지 않으셨습니다. 피를 많이 흘렸으므로 성전을 건축하지 못하게 하십니다. 그래서 다윗은 후계자가 건축하도록 온 힘을 다해 성전 건축을 준비합니다. 참으로 놀라운 믿음입니다.

역대상 29장 2절

"내가 이미 내 하나님의 성전을 위하여 힘을 다하여 준비하였나니 곧 기구를 만들 금과 은과 놋과 철과 나무와 또 마노와 가공할 검은 보석과 채석과 다른 모든 보석과 옥돌이 매우 많으며"

▶같이 풀어봅시다.

1. 다윗이 그토록 간절히 원하는 성전 건축을 왜 하지 못했습니까(28:1~3)?

2. 다윗은 성전 건축을 못하지만 후계자가 건축할 수 있도록 어떤 준비를 하였습니까(1~5절)? 다윗 왕은 개인적으로 어느 정도 건축 헌금하였습니까(4절)?

* 금 한 달란트는 6,000 데나리온, 1 데나리온은 성인의 하루 품삯. 당시 은도 비슷한 가격이었음. 오빌의 금은 최상품의 금. 천은은 최상품의 은.

3. 다윗 왕이 모범적으로 헌금하자 모든 지도자들이 어느 정도 헌금하였습니까(6~8절)? 헌금하는 자세가 어떠하였습니까(9절)?

* 다릭은 바사 화폐 단위로서 1다릭은 8.4g의 금화.
* 헌금하는 자세는 자원하여, 기쁨으로, 성심으로 하나님께 바침.

4. 10~19절은 다윗의 감사 기도입니다. 다윗이 그처럼 기쁘게 큰 헌금할 수 있었던 힘은 어디에 있었습니까(11~15절)?

5. 자기가 직접 성전을 건축할 수 없지만 성전 건축을 감격스럽게 준비하는 다윗에게 배울 점이 무엇입니까?

메시지

하나님을 진실로 사랑하는 다윗을 하나님께서는 한없이 복을 내려 주셨습니다. "다윗이 어디로 가든지 여호와께서 이기게 하시니라"(삼하 8:6,14) 하나님의 언약궤를 모시고 하나님 영광을 위하여 모든 것을 바친 다윗에게 놀라운 능력을 주셨습니다. 다윗 왕은 하나님의 능력으로 동쪽 모압을 정복하여 조공을 바치게 하고 북쪽 소바와 아람을 정복하여 다메섹에 수비대를 두고 조공을 바치게 하고 남쪽 에돔도 정복하여 조공을 바치게 하였습니다. 가는 곳마다 승리를 거두었습니다.

다윗은 하나님의 진리와 사랑으로 덕의 정치를 하여 온 나라를 평안케 하였습니다. "다윗이 온 이스라엘을 다스려 다윗이 모든 백성에게 정의와 공의를 행할 새"(삼하 8:15) 다윗의 의로운 통치로 말미암아 나라 기초가 튼튼해지고 국가 기강이 확립되어 찬란한 왕국을 이루었습니다. 다윗의 믿음과 왕도는 모든 왕들의 시금석이 되었습니다.

다윗 왕은 하나님이 다스리는 신정통치의 본을 남겼습니다. 하나님을 높이고 하나님 뜻에 따른 정치를 하였습니다. 신정통치를 통치이념으로 삼았던 다윗으로서는 성전 건축이 꿈이었습니다. 하나님께 최고의 영광을 드리며 온 백성이 하나님의 사랑의 품속에서 평화를 누리고 하나님의 뜻대로 사는 거룩한 백성이 되기를 소원한 다윗은 성전을 건축하고자 평생 준비하였습니다. 그런데 하나님께서는 성전은 평화의 전이 되어야 함으로 다윗이 전쟁을 하여 피를 많이 흘린 이유로 성전 건축을 허락하여 주시지 않았습니다. 그러나 다윗은 그 하나님의 뜻에도 겸손히 순종하였습니다. 실망하지 않았습니다. 더욱 최선을 다하여 건축 준비를 하였습니다. 평생 저축하여 온 사재를 몽땅 바쳤습니다. 금, 은, 놋, 철, 나무, 마노, 검은 보석, 채석, 다른 보석, 옥돌 등을 준비하였습니다. 특히 바친 금이 최상품 오빌의 금 3,000달란트, 최상품 순은이 7,000달란트였습니다. 금 103톤, 은 240톤이었습니다. 다윗 왕의 헌신을 본 모든 지도자들도 감격하여 자원하여 기쁨으로 정성을 다하여 헌금하였습니다. 모두 합치니 다윗 왕의 헌금의 1.5배 정도였습니다.

왕과 온 백성들이 심히 기뻐하였습니다. 그들은 참으로 하나님의 영광을 깨달았던 것입니다. 다윗은 고백했습니다. "나와 내 백성이 무엇이기에 이처럼 즐거운 마음으로 드릴 힘이 있었나이까 모든 것이 주께로 말미암았사오니 우리가 주의 손으로 받은 것으로 주께 드렸을 뿐이니이다."

진실로 하나님을 섬기는 자에게 천국의 은혜가 충만합니다.

▶ 나누어 볼까요?

인생 최고의 기쁨과 감격은 어디서 옵니까?

합심기도합시다. 하나님 영광을 위하여 자원하여 기쁨으로 헌신하게 하소서!

본문 : 열왕기상 8장 54~66절   찬송가 : 31, 246장(새 67, 208)

하나님의 인류구속사에서 성전 건축은 큰 의미를 갖습니다. 하나님의 임재의 상징이요 하나님 중심의 신정통치의 상징이었습니다. 특히 성전과 왕궁이 나란히 건축된 것은 하나님 없는 통치는 무의미하며 모든 통치는 하나님 뜻대로 되어야 한다는 강한 뜻을 가지고 있습니다. 성전은 장차 오실 메시아와 그의 나라 교회의 예표입니다.

열왕기상 8장 56절

"여호와를 찬송할지로다 그가 말씀하신대로 그의 백성 이스라엘에게 태평을 주셨으니 그 중 모세를 통하여 무릇 말씀하신 그 모든 좋은 약속이 하나도 이루어지지 아니함이 없도다"

▶같이 풀어봅시다.

1. 성막과 성전은 어떤 관계에 있습니까?

* 성막은 하나님의 설계도를 모세가 받아 제작한 이동식 예배처소임. 성전은 성막을 설계 밑그림으로 하여 솔로몬이 건축한 예배처소임.

2. 성전의 기초석과 재목을 준비하기 위해 동원된 사람이 어느 정도였습니까(5:13~16)?

* 역군 30,000명, 짐꾼 70,000명, 석수 80,000명, 감독 3,300명

3. 성전 건축을 언제 시작하여 얼마나 걸렸습니까(6:1,38)?

* 출애굽(B.C.1440년) 후 480년, 솔로몬 재위 제4년에 시작하여 7년 걸림.

4. 솔로몬의 성전 봉헌 기도는 길이 남을 아름다운 기도인데 핵심이 무엇입니까(8:27,28; 44,45, 48~50)?

5. 솔로몬이 성전 봉헌식을 통해 강조한 바가 무엇이며 얼마나 성대하게 치렀습니까(56,61, 63~66절)?

* 성전 건축은 모세를 통한 예언의 성취임을 강조. 성전의 참 뜻은 하나님께 순종하며 섬기는데 있음을 강조.
* 희생제물 소가 22,000마리, 양이 120,000마리. 14일간을 절기로 지키며 하나님께 영광 돌리고 온 국민이 기뻐하고 즐김.

메시지

하나님께서 아브라함에게 약속하신 바가 다윗, 솔로몬 때 다 성취됩니다. 다윗 솔로몬 통치 기간이 이스라엘 역사에서 가장 번영하고 평화로운 시기였습니다. 다윗 솔로몬의 통치의 절정은 성전 건축에 있습니다. 그러므로 이스라엘 전 역사 가운데 가장 영광스러운 사건은 솔로몬의 성전 건축이었습니다.

성전 건축은 다윗 언약의 성취였습니다. 하나님께서는 다윗에게 언약하셨습니다. "네 수한이 차서 네 조상들과 함께 누울 때에 내가 네 몸에서 날 네 씨를 네 뒤에 세워 그의 나라를 견고하게 하리라 그는 내 집을 건축할 것이요 나는 그의 나라 왕위를 영원히 견고하게 하리라"(삼하 7:12,13) 이 말씀은 1차적으로는 솔로몬에게서 성취되었습니다. 솔로몬이 하나님의 전을 건축함으로 하나님의 언약이 성취되었습니다. 그러나 다윗 언약의 궁극적인 핵심은 다윗의 후손 가운데 메시아를 보내서서 영원한 하나님 나라 교회를 세운다는 것입니다.

성전 건축은 성왕 다윗이 다 준비하였습니다. 성전 건축에 필요할 재료를 준비하였고 신하들에게 성전 건축하도록 명하여 건축 준비를 하였습니다. 솔로몬은 부왕 다윗의 준비와 하나님께서 주신 지혜로 성전 건축을 주도면밀하게 이루었습니다. "이 성전은 건축할 때에 돌을 그 뜨는 곳에서 다듬고 가져다가 건축하였으므로 건축하는 동안에 성전 속에서는 방망이나 도끼나 모든 철 연장 소리가 들리지 아니하였으며"(왕상 6:7) 성전 벽은 금으로 입혀졌으며 모든 성전 기구들은 놋으로 만들어야 하는 기구를 제외하고는 거의 금으로 만들어졌습니다.

그러나 성전의 참 의미는 건물 그 자체가 아니었습니다. 솔로몬의 기도와 연설에 나와 있듯이 우주를 창조하신 하나님께서 사람의 손으로 지은 성전 안에 거하실 수 없습니다. 성전은 하나님 임재의 상징이었습니다. 성전의 참 의미는 하나님을 경외하고 하나님 말씀에 순종함이었습니다. 만일 이스라엘 백성들이 하나님을 거역하고 우상을 숭배하면 성전 건물도 파괴되어 버릴 것입니다. 먼 훗날 실제로 그런 일이 일어났습니다. 그러므로 성전이 상징하는 하나님의 임재를 바라보며 감사하고 하나님께 예배드리고 기도하며 하나님 말씀에 청종하며 하나님 뜻을 온전히 행하는 삶이 성전 건축의 참된 의의입니다.

"만일 그들이 주께 범죄함으로 말미암아 하늘이 닫히고 비가 없어서 주께 벌을 받을 때에 이곳을 향하여 기도하며 주의 이름을 찬양하고 그들의 죄에서 떠나거든 주는 하늘에서 들으사 주의 종들과 주의 백성 이스라엘의 죄를 사하시고 그들이 마땅히 행할 선한 길을 가르쳐 주시오며 주의 백성에게 기업으로 주신 주의 땅에 비를 내리시옵소서"(왕상 8:35,36)

▶ 나누어 볼까요?

당신은 하나님 성전 건축을 위하여 열정을 바치는 솔로몬에게서 무엇을 배웁니까?

합심기도합시다.	하나님을 진정으로 사랑하고 순종하며 섬기기를 원하며 기도합니다

남북으로 분열된 왕국

본문 : 열왕기상 11장 1~13절   찬송가 : 261, 371장(새 582, 580)

찬란한 다윗 왕국은 솔로몬의 성전 건축으로 더욱 빛나게 되었습니다. 주위 여러 나라가 이스라엘을 우러러 보았습니다. 그런데 이 아름다운 나라가 비참하게도 남북으로 분열 됩니다. 어찌하여 남북으로 분열되었습니까? 어찌하여 같은 민족이 나뉘어 피비린내 나는 동족상쟁을 하였습니까? 그 비극의 시작은 의외로 솔로몬에게 있었습니다.

열왕기상 11장 11절

"여호와께서 솔로몬에게 말씀하시되 네게 이러한 일이 있었고 또 네가 내 언약과 내가 네게 명령한 법도를 지키지 아니하였으니 내가 반드시 이 나라를 네게서 빼앗아 네 신하에게 주리라"

▶같이 풀어봅시다.

1. 솔로몬은 영광스러운 왕이었습니다. 그 영광이 어느 정도였습니까(왕상 11장 참조)? 그런데 솔로몬이 왜 타락하게 되었습니까(1절)?

2. 솔로몬의 후궁과 첩이 몇 명이었습니까(3절)? 그녀들이 솔로몬 왕을 어떻게 타락시켰습니까 (5~8절)?

3. 솔로몬의 타락을 본 하나님의 마음이 어떠하였습니까(9~13절)?

4. 솔로몬의 죄로 인하여 어떤 비극적인 일이 일어났습니까(11:14~40)?

메시지

　　찬란한 다윗 왕국은 메시아 왕국의 모형이 될 정도로 의로운 나라였습니다. 여호와 하나님을 왕으로 모시고 신정 통치를 하는 다윗 왕국은 아브라함, 모세 언약의 성취였습니다. 수 천년 내려온 인류 구속사의 결실을 보는 감격적인 시기였습니다. 다윗 왕국의 절정은 성전 건축이었습니다. 성전이 건축됨으로 말미암아 하나님께서 임재하셔서 왕으로 통치하시는 하나님의 나라를 이루게 되었습니다. 하나님을 지극히 사랑하는 다윗 왕은 성전을 건축하고 싶었습니다. 그러나 피를 많이 흘린 과거로 인하여 허락받지를 못하였습니다. 그렇지만 다윗은 온 힘을 다하여 아들 솔로몬이 건축하도록 준비하였습니다. 솔로몬은 부왕의 은혜로 성전 건축의 영광을 누리게 되었습니다. 성전 건축을 마치고 온 세계에 하나님 말씀을 가르쳐 열국의 제사장 나라가 되어 온 인류 구원의 길을 닦아야 했습니다.

　　그런데 이 영광스러운 나라에 큰 재앙이 닥친 것입니다. 반란이 여기저기서 일어나더니 마침내 나라가 분열되고 만 것입니다. 가장 영광스러운 때에 가장 비참한 일이 발생하게 되었습니다. 그 이유가 무엇입니까? 솔로몬의 성적 타락에 있었습니다. 솔로몬은 대단히 지혜로운 왕이었지만 자기 절제에 실패하였습니다. 하나님은 분명히 말씀하셨습니다. "너희는 그들 이방인들과 통혼하지 말며 그들도 너희와 통혼하게 하지 말라 그들이 반드시 너희의 마음을 돌려 그들의 신들을 따르게 하리라"(2절) 솔로몬은 하나님 말씀에 귀 기울이지 않았습니다. 정략적으로 바로의 딸과 결혼하더니 모압, 암몬, 에돔, 시돈, 헷 여인 등 이방 여인들을 후궁으로 삼았습니다. 후궁이 700명, 첩이 300명 합 1,000명의 여인을 거느렸습니다. 솔로몬이 나이 많을 때에 그 이방 여인들이 왕을 유혹하여 시돈의 아스다롯, 암몬의 밀곰을 따르고, 모압의 그모스 산당을 짓고, 암몬의 몰록 산당을 지어 거기에 분향하며 제사하게 만들었습니다.

　　하나님께서 진노하심은 마땅한 일이었습니다. 일찍이 두 번이나 나타나셨고 그 많은 축복을 주셨으며, 타락하지 않도록 경고하셨으나 솔로몬이 불순종함은 큰 죄였습니다. 그래서 비참한 결과를 초래하였습니다. 에돔 자손 하닷의 아들 그누밧과 엘리아다의 아들 르손이 반란을 일으켰습니다. 특히 느밧의 아들 여로보암이 반역을 일으켜 솔로몬의 아들 르호보암 왕 때 왕국이 분열되고 말았습니다. 북쪽에는 10지파 북 이스라엘 왕국을 여로보암이 통치하고 남쪽은 유다 한 지파만 다윗의 후손들이 유다 왕국을 통치하였습니다. 이후 다윗 왕국의 영광은 사라지고 동족 간에 피비린내 나는 싸움을 하며 슬픈 타락의 역사를 남기고 말았습니다.

▶ 나누어 볼까요?

한 사람의 죄가 얼마나 무서운 결과를 낳습니까? 회개할 일 빨리 회개합시다.

　합심기도합시다.　　말씀과 기도로 성령님의 인도하심을 받아 죄의 유혹을 물리치도록

제 28과 하나님의 말씀을 대언하는 선지자들

본문 : 이사야 1장 1~20절   찬송가 : 23, 397장(새 23, 357)

이스라엘 역사는 다윗, 솔로몬 시대를 정점으로 하향곡선을 그립니다. 우상숭배, 윤리적 타락, 전쟁, 살인 등 비참한 역사의 연속입니다. 그런데 이 어둠의 역사 속에서 빛나는 부분이 있습니다. 하나님의 종 선지자들의 활동입니다. 그들은 예리한 영적 통찰력을 가지고 시대 정신을 꿰뚫어 보고 죄를 지적하고 회개를 촉구하며, 하나님의 말씀을 대언하였습니다.

이사야 1장 2절

"하늘이여 들으라 땅이여 귀를 기울이라 여호와께서 말씀하시기를 내가 자식을 양육하였거늘 그들이 나를 거역하였도다"

▶같이 풀어봅시다.

1. 엘리야는 어느 시대에 활동한 선지자였습니까(왕상 17:1)? 그가 행한 업적은 무엇입니까(왕상 18장 참조)?

* 엘리야는 글을 남기지 않았지만 모세, 사무엘에 버금가는 대선지자. 북이스라엘 왕국이 바알을 국가적으로 섬기던 아합 왕 때 활동함.
* 북이스라엘 왕국의 바알 선지자 450명, 아세라 선지자 400명, 합 850명의 이교도 선지자들과 갈멜산에서 대결하여 전원을 죽이고 바알 종교의 허상을 깨뜨리고 백성들을 하나님께로 인도함.

2. 엘리야의 후계자 엘리사는 어느 시대에 활동한 선지자였습니까(왕하 3:1, 9:14, 13:1,14)? 그는 어떤 이적들을 행하였습니까?

* 북이스라엘 왕, 요람, 예후, 여호아하스, 요아스, 네 왕 시대에 활동함.
* 나쁜 물을 좋게 고침, 과부의 기름 기적, 수넴 여인 아들을 낳는 기적, 해독 기적, 떡 기적, 나아만 문둥병을 고침, 쇠도끼를 찾아줌, 아람 군대를 물리침 등.

3. 이사야 선지자는 이스라엘의 어떤 죄를 지적하고 있습니까(2~3, 4~5, 10~15, 16~17절)? 이사야 선지자는 어떤 해결책의 말씀을 선포합니까(18~20절)?

4. 타락해 가는 남유다 왕국, 북이스라엘 왕국을 깨우치는 선지자들은 아는 대로 말하시오.

메시지

솔로몬이 타락하여 이방 여인을 후궁으로 삼고 그녀들의 간청을 들어 우상숭배를 하락함으로 말미암아 거룩하고 아름다운 이 나라에 먹구름이 끼기 시작했습니다. 솔로몬의 아들 르호보암은 유화정책을 쓰자는 경험 많은 대신들의 간청을 버리고 강경억압정책을 쓰자는 젊은 참모들의 의견을 선택함으로 말미암아 누적되어온 백성들의 분노가 폭발하였습니다. 여로보암의 반역을 신호로 무려 열지파가 왕에게 등을 돌리고 말았습니다. 이리하여 이스라엘 영광은 사라지고 죄와 재앙, 징벌로 인한 수치와 고통의 역사가 시작되었습니다.

북이스라엘은 10지파로서 여로보암, 나답, 바아사, 엘라, 시므리, 오므리, 아합, 아하시야, 여호람(요람), 예후, 여호아하스, 요아스, 여로보암2세, 스가랴, 살룸, 므나헴, 브가히야, 베가, 호세아 19명 모두 악한 왕들이었습니다. 계속 쿠데타가 일어나 왕조가 아홉 번이나 바뀌었습니다. 남 유다는 1지파로서 르호보암, 아비얌, 아사, 여호사밧, 여호람, 아하시야, 아달랴, 요아스, 아마사, 아사랴(웃시야), 요담, 아하스, 히스기야, 므낫세, 아몬, 요시야, 여호아하스, 여호야김, 여호야긴, 시드기야 20명 모두 다윗의 후손으로 한 왕조였습니다. 아사, 여호사밧, 히스기야, 요시야는 선정을 베푼 왕들이었습니다. 이 모든 것은 다윗 왕에게 약속한 하나님의 은혜 때문이었습니다. 북이스라엘은 앗수르 제국에 의해 B.C. 722년에 멸망당하였고 남유다 왕국은 바벨론 제국에 의해 B.C. 586년에 멸망당하였습니다.

남북 분열 왕국 시대는 한마디로 어둠의 시대였습니다. 그러나 이 어둠의 시대에 희망의 등불을 켜는 사람은 선지자들이었습니다. 선지자들은 하나님의 말씀을 받아 목숨을 걸고 말씀을 선포하였습니다. 그 말씀 선포 때문에 감옥에 갇히고 목숨을 잃기도 하였습니다. 그러나 선지자들은 고통과 생명의 위험을 아랑곳하지 아니하고 담대하게 하나님의 말씀을 선포하였습니다. 남북 분열 초기에 활동한 선지자는 아히야, 스마야, 잇도, 하나니, 아사랴, 예후였습니다. 그 후에 가장 타락한 시대 곧 여호와의 도를 버리고 바알 종교를 국교로 받아들인 아합 왕 때 불의 선지자 엘리야가 나타나 바알 종교를 무너뜨렸습니다. 그 뒤에 엘리사가 놀라운 기적으로 나라와 백성을 지켰습니다. 미가야, 아하시엘, 엘리에셀, 오바댜, 스가랴, 요엘, 요나, 호세아, 아모스, 스가랴, 미가 등이 활동하였습니다. 그리고 아사랴, 요담, 아하스, 히스기야 시대에 그 유명한 이사야 선지자가 타락한 백성들을 깨우치며 도래할 메시아와 그의 나라를 선포하였습니다. 북이스라엘이 망하고 남유다 왕국도 망해가고 있을 때 활동한 선지자는 나훔, 훌다, 예레미야, 하박국 스바냐였습니다. 유다마저 망한 후에 활동한 선지자는 에스겔, 다니엘 스가랴, 학개, 말라기였습니다. 어둠이 짙을수록 별이 더 빛나듯이 타락한 시대에 백성을 깨우며 하나님의 인류구원을 선포하는 선지자들의 위대한 정신과 삶은 참으로 본받을 만한 것이었습니다.

▶ 나누어 볼까요?

하나님의 눈으로 볼 때 지금은 어떤 시대인 것 같습니까? 희망은 어디에 있습니까?

합심기도합시다. 어두울수록 빛을 내는 별처럼 더욱 복음을 선포하여 하나님의 나라를 이루게 하소서!

제 29과 북이스라엘 왕국의 멸망

본문 : 열왕기하 17장 1~23절   찬송가 : 357, 399장(새 322, 546)

북이스라엘 왕국은 여로보암이 창건하여 약 200년 지탱해 오다가 호세아 재위 시 앗수르 제국에 의해 비참하게 멸망당하고 맙니다. 선지자들이 눈물로 말씀을 증거하여 살길을 제시하였건만 끝내 회개치 아니하여 멸망당하고 맙니다. 북이스라엘 왕국의 멸망을 통해 얻을 교훈이 많습니다.

열왕기하 17장 23절

"여호와께서 그의 종 모든 선지자를 통하여 하신 말씀대로 드디어 이스라엘을 그 앞에서 내쫓으신지라 이스라엘이 고향에서 앗수르에 사로잡혀 가서 오늘까지 이르렀더라"

▶ 같이 풀어봅시다.

1. 북이스라엘 왕국의 창건자는 누구였습니까(왕상 11:26)? 그는 무슨 사명을 받았으며 무슨 죄를 범하였습니까(왕상 12:25~33)?

* 여로보암: 솔로몬의 신하, 에브라임 족속 스레다 사람 느밧의 아들, 과부의 아들.
* 하나님을 잘못섬긴 자들을 깨우치는 경종 역할의 사명(왕상11:38)
* 두 금송아지를 만들어 숭배하게 함, 레위 제사장 제도를 폐함, 절기를 고침.

2. 북이스라엘 마지막 왕은 누구입니까(1절)? 그가 어떤 정치를 하였습니까(2절)?

* 엘라의 아들 호세아
* 여호와께서 보시기에 악을 행하였음.

3. 북이스라엘이 누구에 의해 어떻게 망하게 되었습니까(3~6절)?

* 앗수르 왕 살만에셀에 의해 망함.
* 조공을 바치다가 거절하므로 3년간 전쟁 후 망함.

4. 북이스라엘의 멸망의 원인이 되는 죄는 무엇입니까(7~23절)?

* 하나님의 계명을 버리고 우상숭배를 함. 선지자들의 경고를 무시하고 불순종함. 여로보암의 죄, 곧 두 금송아지를 숭배함, 바알, 아세라, 일월성신을 섬김, 자녀를 제물로 바침, 복술과 사술을 행함, 불의를 행함, 여호와 보시기에 악을 행함.

메시지

북이스라엘 왕국은 여로보암으로부터 호세아까지 약 200년간 19명의 왕들이 통치하였습니다. 모든 왕들이 다 여로보암의 죄를 좇아 여호와 보시기에 악을 행하였습니다. 하나님께서는 선지자를 보내어 수도 없이 경고하고, 책망하며, 대안을 제시하여 바른 길로 가도록 인도하셨으나 그들은 끝끝내 불순종하여 결국 B.C. 722년 앗수르에 의하여 멸망당하고 말았습니다.

북이스라엘 백성들도 하나님의 백성들이었는데 왜 망하게 되었습니까? 하나님께서는 죄를 회개하도록 경고를 하셨습니다. 대안을 제시하셨습니다. 그런데도 하나님의 놀라운 사랑을 끝내 거절하므로 하나님께서 보호의 손을 거두시므로 망하게 된 것입니다.

여로보암부터 큰 죄를 지었습니다. 여로보암의 사명은 새 국가를 창건함에 있지 아니하고 범죄한 왕과 백성들을 회개시키는 데 있었습니다. 그래서 그는 하나님의 율법을 지키며 바른 길을 가면서 왕과 백성들을 깨우치고 때가되면 다시 통일 국가를 이루는 것이었습니다. 그런데 그는 하나님의 뜻을 거역하고 두 송아지 우상을 만들어 벧엘과 단에 세웠습니다. 그리고 백성들로 하여금 송아지 우상을 숭배하게 만들었습니다. 뿐만 아니라 하나님께서 세우신 레위 제사장 제도를 폐지하고 보통 사람들을 제사장으로 임명하였습니다. 절기도 마음대로 고쳐버렸습니다. 이 모든 행위는 하나님을 격노케 하는 행위였습니다. 하나님 백성됨을 포기하는 행위였습니다. 아합 왕은 한걸음 더 나아가 바알을 섬기는 여인을 아내로 삼고 나라를 바알국으로 만들어버렸습니다. 이 악한 왕과 백성들을 깨우치려고 하나님께서는 불의 선지자 엘리야를 보내어 백성들을 경고하고 회개케 하였습니다. 하나님의 살아계심을 명백히 보여주었어도 왕과 백성들은 회개할 줄 몰랐습니다. 오히려 더 심하게 우상숭배를 하였습니다. 온갖 불의를 자행하였습니다.

200년이나 오래 참으시면서 수없는 선지자를 보내 회개하도록 하신 하나님께서는 새로운 수단을 강구하십니다. 무딜대로 무디어진 백성들을 깨우치기 위해서 그들을 이방인들에게 맡기는 것입니다. 그래서 하나님께서는 잠시 보호의 손길을 거두시고 그들을 앗수르 손에 붙이셨습니다.

오늘날에도 하나님의 백성들이 하나님의 거룩한 사랑과 은혜와 복을 받고서도 감사할 줄 모르고 죄를 짓는 사람들이 있습니다. 하나님께서는 여러 방법으로 경고하십니다. 하나님 종을 통하여 회개를 촉구하는 말씀을 주십니다. 하나님의 간절한 사랑의 말씀을 주십니다. 대안을 제시합니다. 그래도 경고를 듣지 않으면 하나님께서도 보호의 손길을 거두십니다. 그리하면 무서운 재앙을 받게 됩니다. 망하기 전에 회개하시기 바랍니다.

▶ 나누어 볼까요?

알콜 중독에 빠진 사람을 어떻게 고칠 수 있습니까?

합심기도합시다.	경고를 무시하지 말고 빨리 회개하여 살길을 찾도록

남유다 왕국의 멸망

본문 : 열왕기하 25장 1~21절   찬송가 : 352, 417장(새 313, 295)

영광의 나라 유다 왕국 마지막 왕 시드기야 왕의 최후는 너무나 비참합니다. 하나님께서 세우신 영광의 나라가 어찌하여 이 모양으로 망한단 말입니까? 어찌하여 이 지경에 이르렀단 말입니까? 통탄하지 않을 수 없습니다. 남유다 왕국의 멸망을 통해 배울 수 있는 교훈은 무엇입니까?

열왕기하 25장 7절

"그들이 시드기야의 아들들을 그의 눈앞에서 죽이고 시드기야의 두 눈을 빼고 놋 사슬로 그를 결박하여 바벨론으로 끌고 갔더라"

▶같이 풀어봅시다.

1. 남쪽 유다 왕국은 누가 세웠습니까?

* 하나님께서 사울, 다윗, 솔로몬을 세우셔서 통일 이스라엘 왕국을 세우심. 분열된 남쪽 유다 왕국의 첫 왕은 솔로몬의 아들 르호보암.

2. 남유다 왕국이 언제 누구에 의해 망하였습니까(1~3절)? 북이스라엘 왕국이 망한 지 몇 년 후입니까?

* 시드기야 왕 제 11년(B.C. 586년) 4월 9일, 바벨론 제국 느부갓네살에 의해 멸망함.
* 북이스라엘 B.C. 722년 멸망, 남유다 B.C. 586년 멸망, 136년 후 멸망함. 하나님께서 다윗의 언약을 기억하시어 유다에 회개할 기회를 주심.

3. 시드기야 왕의 최후가 어떠하였습니까(3~7절)?

* 2년간 버티다가 양식이 떨어지자 비밀 통로로 도망가다가 잡혀서 왕자들은 왕 앞에서 살육을 당하였으며 시드기야 왕은 두 눈이 뽑힌 채 놋사슬에 묶여 바벨론으로 끌려감.

4. 성전이 어떻게 파괴되었습니까(8~17절)?

* 성전 보물은 이미 다 빼앗겼음(24:13). 이번에는 바벨론 군사들이 성전을 불사르고 놋 기둥, 놋 받침, 놋 바다 등 놋을 다 빼앗아 감. 성전 기구를 몽땅 털어 가져감. 성전이 완전히 파괴됨.

메시지

"아, 남유다 왕국마저 멸망하다니?" 탄식이 저절로 나옵니다. 거룩한 하나님 나라, 하나님의 인류구원의 꿈과 계획이 담긴 나라, 영광의 나라가 어찌하여 이처럼 멸망할 수 있단 말입니까? 예레미야 선지자의 눈물의 탄식이 들려오는 듯 합니다.

"슬프다! 이 성이여 전에는 사람이 많더니 이제는 어찌 그리 적막하게 앉았는고? 전에는 열국 중에 크던 자가 이제는 과부 같이 되었고, 전에는 열국 중에 공주였던 자가 이제는 강제 노동을 하는 자가 되었도다! 밤에는 슬피 우니 눈물이 뺨에 흐름이여! 사랑하던 자 중에 그에게 위로하는 자가 없고, 친구들도 다 배반하여 원수들이 되었도다!"(애 1:1,2)

유다 왕국은 참으로 영광스러운 나라였습니다. 하나님께서 다윗에게 언약하셨습니다. "내가 네 몸에서 날 네 씨를 네 뒤에 세워 그의 나라를 견고하게 하리라", "네 집과 네 나라가 내 앞에서 영원히 보전되고 네 왕위가 영원히 견고하리라"(삼하 7:12,16) 하나님께서 이 다윗의 언약을 기억하시어 이스라엘 나라를 징벌하실 때에도 유다만은 지키셨습니다. 유다 왕국은 다윗을 향한 하나님의 호의였습니다. 풍전등화와 같이 위태할 때도 하나님께서는 다윗의 언약을 기억하시어 다윗의 가문에서 왕이 나오게 하셨습니다. 북이스라엘은 9 왕조가 바뀌었습니다. 그러나 남유다 왕국은 오직 다윗의 후손 한 왕조가 대를 이어갔습니다. 그리고 대부분 다윗과 같이 선정을 베풀었고 특히 아사, 여호사밧, 히스기야, 요시야 왕들은 매우 선정을 베풀었습니다. 우상을 타파하고 타락한 부분을 과감히 개혁하였습니다. 그런데 왜 유다 왕국이 망하게 되었습니다. 열왕기 저자는 유다 왕국의 멸망은 므낫세의 죄 때문이라(24:3)고 못을 박습니다.

므낫세가 무슨 죄를 저질렀습니까? 히스기야 왕이 개혁한 것을 거꾸로 하였습니다. 이방인들의 우상을 숭배하였습니다. 헐어버린 산당을 다시 세웠습니다. 바알을 위하여 제단을 쌓고 아세라 목상과 일월성신을 위한 제단을 성전에 쌓는 것이었습니다. 우상을 이방인들보다 더 열렬히 숭배하였습니다. 거룩한 하나님 나라를 완전히 우상의 나라로 만들어 버렸습니다. 점치며 시술을 행하였고 박수와 신접한 자들을 신임하였고 사람을 번제물로 바쳤으며 무죄한 자의 피를 심히 많이 흘려 예루살렘 이 끝에서 저 끝까지 가득하게 하였습니다. 므낫세의 아들 아몬은 므낫세의 악을 그대로 본받아 행하였습니다. 이 죄가 너무나 컸습니다. 요시야의 개혁으로 나라가 약간 회복되었지만 기울어진 나라를 다시 세우기에는 역부족이었습니다. 결국 므낫세가 뿌린 죄의 결과가 유다 왕국의 멸망이었습니다.

▶ **나누어 볼까요?**

이미 뿌려진 죄를 어떻게 처리해야 합니까?

합심기도합시다. 망령된 조상의 유전을 뿌리 뽑고 하나님께 순종하여 은혜의 강을 이루도록

제 31과 민족 패망의 슬픔

본문 : 예레미야애가 1장 1~11절   찬송가 : 338, 261장(새 280, 582)

이스라엘 백성들의 우상숭배의 죄와 윤리적 타락, 불순종은 극에 달하였습니다. 하나님 백성다운 모습을 찾아볼 수 없었습니다. 극약처방이 필요하였습니다. 아무리 선지자를 보내어 회개를 촉구하여도 아무 소용이 없었습니다. 그래서 하나님은 잠시 보호의 손길을 거두셨습니다. 그리하여 이스라엘 민족은 혹독한 죄의 대가를 치르게 되었습니다.

예레미야애가 1장 1절

"슬프다 이 성이여 전에는 사람들이 많더니 이제는 어찌 그리 적막하게 앉았는고 전에는 열국 중에 크던 자가 이제는 과부같이 되었고 전에는 열방 중에 공주였던 자가 이제는 강제노동을 하는 자가 되었도다"

▶같이 풀어봅시다.

1. 이스라엘 민족이 바벨론에 패망한 원인이 무엇입니까(왕하 24:3, 4)? 므낫세의 죄가 무엇입니까(왕하 21:2, 3, 6, 11, 16)?

* 여러 왕들과 백성들의 죄가 있었지만 므낫세의 죄가 가장 악독하여 패망하게 되었음.
* 므낫세의 죄는 극렬한 우상숭배의 죄(왕하 21:2,3,11), 미신, 악령 숭배의 죄(6절), 성전에 우상을 세움(7절), 윤리적 타락의 극치로 무죄한 자를 수없이 학살함(16절).

2. 이방 민족에게 멸망당한 참상이 어떠하였습니까(1, 6, 10, 20절, 2:20, 4:8, 9, 10)?

* 모든 영광을 빼앗김. 보물과 재물을 빼앗김. 성전과 성벽이 파괴됨. 지극히 초라함. 굶주려 자식을 삶아 먹음.

3. 유다 왕국의 멸망을 본 선지자가 어떻게 슬퍼합니까(1, 2, 16절, 2:11, 3:48, 49)?

* 하염없이 슬퍼하고 눈물을 흘림. 애가 다 타버림. 창자가 끊어지고 간이 땅에 쏟아짐. 눈물이 시내처럼 흐름.

4. 선지가가 어떻게 회개하며 기도합니까(1:18, 3:58, 59, 4:6, 16, 21)?

* 이 재앙이 하나님 앞에 죄 때문임을 깨닫고 회개함. 원통함 풀어주시며 주께로 돌아가도록 해 주시고 새롭게 하사 옛적 같게 해달라고 간구함.

76 구속사의 흐름 속에서

메시지

전쟁에 패한 나라는 한마디로 비참합니다. 무자비한 살육을 당합니다. 모든 재산, 보물 모조리 강탈당합니다. 자랑스러운 아들들이 개죽음을 당합니다. 공주 같은 딸들이 강간을 당합니다. 처절한 슬픔과 고통을 당합니다. 먹을 것이 없어 아사 직전까지 가서 자기 자식들을 삶아 먹습니다. 성전이 파괴되어버립니다. 원수들이 득세하고 다닙니다. 유능한 일꾼들은 다 노예로 끌려가 종이 됩니다.

영광스러운 하나님의 나라가 왜 이 모양이 되었는가? 거룩한 하나님의 백성들이 이 무슨 처참한 꼴을 당한단 말인가? 아무리 슬퍼하고 울어도 눈물이 마르지 않습니다. 눈물이 시내처럼 흐릅니다.

"슬프다 이 성이여 전에는 사람들이 많더니 이제는 어찌 그리 적막하게 앉았는고 전에는 열국 중에 크던 자가 이제는 과부같이 되었고 전에는 열방 중에 공주였던 자가 이제는 강제노동을 하는 자가 되었도다"(1:1)

B.C. 722년 북이스라엘 왕국 멸망, B.C. 586년 남유다 왕국 멸망. 거룩한 나라, 영광스러운 왕국이 왜 이렇게 되고 말았습니까? 열왕기를 기록한 저자는 "이 일이 유다에 임함은 곧 여호와의 말씀대로 그들을 자기 앞에서 물리치고자 하심이니 이는 므낫세의 지은 모든 죄 때문이며 또 그가 무죄한 자의 피를 흘려 그의 피가 예루살렘에 가득하게 하였음이라"(왕하24:3)고 밝히고 있습니다. 므낫세 왕의 죄가 무엇입니까? 그는 성왕 히스기야 왕의 아들로서 많은 복을 받고 태어났으나 하나님 앞에 악독한 죄를 저질렀습니다. 부왕의 개혁 정치를 다 뒤엎어버리고 악랄하게 우상숭배를 하였습니다. 바알 제단을 쌓고, 아세라 목상을 만들며 일월성신을 경배하였습니다. 그것도 부족하여 성전에 일월성신 제단을 쌓고 아세라 목상을 성전에 세웠습니다. 왕자들을 번제로 드리고 사술을 행하며, 신접한 자와 박수를 신임하여 미신을 성행하게 하였습니다. 이방 민족들보다 더 심하게 우상을 숭배하였습니다. 윤리적으로도 한없이 타락하여 무죄한 사람들을 많이 학살하는 죄를 저질렀습니다. 하나님께서 도저히 더 이상 참을 수 없는 죄를 저지른 것입니다. 훗날 요시야 왕이 죄를 깨닫고 나라를 돌이켜 보려고 많이 애썼으나 이미 기울어진 나라를 바로 잡기에는 역부족이었습니다. 하나님께서 보호의 손길을 거두시니 바로 이방 민족들이 쳐들어와 나라를 멸망시켜버렸습니다.

선지자는 슬피 울며 회개하고 기도합니다. 자기 조상들의 죄였으며 백성들의 죄였지만 민족의 죄를 대신 회개합니다. 하나님의 자비하심으로 나라를 구해 주시도록 간절히 기도합니다. "여호와여 우리를 주께로 돌이키소서 그리하시면 우리가 돌아가겠사오니 우리의 날들을 다시 새롭게 하사 옛적 같게 하옵소서!"(4:21)

▶ **나누어 볼까요?**

하나님을 배반한 결과가 얼마나 참혹합니까?

합심기도합시다.	우리 민족이 하나님 앞에 죄를 회개하고 참 믿음을 갖고 돌아오도록

본문 : 다니엘 1장 1~21절   찬송가 : 79, 384장(새 70, 585)

바벨론은 유다를 정복하고 귀족들과 용사들을 다 사로잡아 포로로 끌고 갔습니다. 그 중에 다니엘도 포로로 끌려갔습니다. 그 포로들 중에 하나님에 대한 신앙을 버리지 아니하고 끝까지 중심을 지킨 '남은 자' 들이 있었습니다. 열악한 환경 속에서도 신앙을 지킨 믿음의 사람 다니엘의 모습은 너무나 장하고 아름답습니다.

다니엘 1장 8절

"다니엘은 뜻을 정하여 왕의 음식과 그가 마시는 포도주로 자기를 더럽히지 아니하리라 하고 자기를 더럽히지 아니하도록 환관장에게 구하니"

▶같이 풀어봅시다.

1. 다니엘은 언제 활동한 선지자입니까(1절)?

* 여호야김 3년(B.C. 605년) 느부갓네살에 의해 바벨론으로 끌려간 때부터 느부갓네살, 벨사살, 다리오 I세, 바사(페르샤) 고레스 왕 때까지 전국 총리와 선지자로서 활동함.

2. 다니엘이 왜 바벨론 왕궁에 끌려갔습니까(3~5절)?

* 바벨론 왕 느부갓네살의 인재 발굴 정책에 따라 유다 왕국 귀족인 다니엘이 끌려감. 바벨론 왕은 포로들 가운데 용모가 아름답고 지혜, 지식이 출중하고 학문에 익숙한 자를 골라 왕을 섬기도록 바벨론 학문, 언어, 궁중예절을 3년 동안 가르치게 함.

3. 다니엘이 결심한 바가 무엇입니까(8절)? 그 결과 어떻게 되었습니까(9~16절)?

* 뜻을 세움. 이방 신상에 바친 제물인 음식과 포도주로 자기를 더럽히지 않겠다는 결심. 오직 하나님만을 섬기겠다는 충성서약을 지키리라는 결심.
* 하나님의 도우심으로 우상 제물을 먹지 아니하게 되었고 채식만 하여도 얼굴이 더욱 윤택하고 아름다움.

4. 믿음을 지키는 '남은 자' 로 살고자 한 다니엘을 하나님은 어떻게 도와주셨습니까(17~20절)?

* 육체적 건강과 함께 뛰어난 학문과 지혜, 환상과 꿈을 해석하는 은사를 주심. 수석 합격케 하심.

메시지

하나님께서 택하신 이스라엘은 완전히 멸망하였는가? 아닙니다. 완전히 멸망한 것이 아니라 혹독한 훈련을 시키신 것입니다. 유다 왕국의 멸망과 포로됨은 긴 시야로 바라보면 놀라운 하나님의 섭리가 있음을 발견하게 됩니다. 첫째, 죄에 대한 무서운 형벌입니다. 아무리 사랑하는 백성이라 할지라도 죄를 물으시는 공의로우신 하나님이십니다. 둘째, 죄의 정화 기간입니다. 새로운 하나님의 백성이 되기 위해서는 죄의 정화가 필요했습니다. 바벨론 포로 기간을 통하여 죄를 씻어 버리고 새로운 하나님의 백성이 되도록 시련의 용광로에 넣어서 죄를 정화 시키신 것입니다. 셋째, 새로운 삶, 새로운 세계를 사모하게 하셨습니다. 즉 예수 그리스도 안에 있는 영원한 구원과 영광스러운 그의 나라를 사모하게 만드신 것입니다.

하나님께서는 유다 왕국의 멸망과 바벨론 포로로 끌려가는 와중에서도 '남은 자'를 남겨 놓으셨습니다. 하나님께서는 이 '남은 자'를 통하여 인간이 상상할 수도 없는 전혀 새로운 일을 꿈꾸시고 창조하십니다. '남은 자'로 선택받아 쓰임 받는 것은 대단한 영광이 아닐 수 없습니다. 에스라, 느헤미야, 에스더, 모르드개, 스룹바벨, 학개, 스가랴, 말라기 등은 선택받은 '남은 자'들이었습니다. 다니엘은 선택받은 '남은 자' 중의 한 사람이었습니다.

바벨론 왕궁에 포로로 끌려간 다니엘의 심정은 어떠했을까요? 나라는 망하고 자기는 포로로 끌려왔으니 얼마나 참담했을까요? 아무 희망이 없었을 것입니다. 그러나 '남은 자'들은 희망을 버리지 않았습니다. 인간은 절망일지라도 하나님께는 절망이 없습니다. '남은 자'들은 하나님을 믿었습니다. 하나님께 희망을 걸었습니다. 희망이란 단 1%도 보이지 않는 절망적 상황이라 할지라도 '남은 자'들은 말씀 한 마디로 천지를 창조하신 전능하신 하나님을 믿었습니다. 하나님은 진실로 참 사랑의 하나님이시므로 진실로 회개하면 용서하시고 구원의 길을 열어 주실 것을 믿었습니다. 또 그리 아니하실지라도 크게 문제 삼지 않았습니다. 하나님은 항상 하나님이시기 때문입니다. 하나님께서 자비를 베푸셔서 구원해 주신다면 그 은혜를 무엇으로 감사하오리이까?

'남은 자' 다니엘은 하나님 앞에 뜻을 세웠습니다. "오직 절대자 하나님만을 섬기겠습니다." 우상에 바친 제물인 고기와 포도주와 진수성찬을 먹지 아니하고 채식만 하여 순수한 신앙을 갖고자 한 것입니다. 하나님께서는 이러한 '남은 자'들의 회개와 믿음을 보시고 큰 기적을 일으키어 '남은 자'들을 다시 고국 본토로 돌아가게 하는 것이었습니다. 참으로 마른 뼈를 부활시키어 하나님의 군대로 만들어 위대한 새 역사를 이루셨습니다.

▶ **나누어 볼까요?**

당신은 상황이 나빠지면 믿음을 버립니까? 아니면 끝까지 '남은 자'로 삽니까?

> **합심기도합시다.**   변절자의 모습을 버리고 끝까지 신앙을 지키는 '남은 자'로 살도록

본문 : 느헤미야 1장 1~11절   찬송가 : 410, 344장(새 310, 545)

하나님께서는 선택된 나라를 멸망 상태로 내버려두지 않으셨습니다. 다시 회복시켜 주셨습니다. 하나님께서는 나라를 회복시키실 때에 '남은 자'를 통하여 나라를 회복시키셨습니다. 느헤미야는 절망적 상황 속에서도 낙망치 않고 믿음으로 기적을 만들어 예루살렘 성벽을 재건한 믿음의 영웅입니다.

느헤미야 1장 4절
"내가 이 말을 듣고 앉아서 울고 수일 동안 슬퍼하며 하늘의 하나님 앞에 금식하며 기도하여"

▶같이 풀어봅시다.

1. 느헤미야가 활동할 때는 언제입니까(1절)?

* 바사(페르샤) 제국 아닥사스다 왕 제 20년(B.C. 445년)부터 약 15~20년 활동할 때. 이 시기는 유다 왕국이 멸망한 지 140년 쯤 지난 때로서 본국으로 귀환하여 회복의 역사를 이루던 때임.

2. 느헤미야가 바사 수산궁에서 왕의 술 관원으로 있을 때 무슨 비보를 들었습니까(2, 3절)? 그가 어떤 반응을 보였습니까(4~11절)?

* 고국 유다와 예루살렘의 기막힌 형편의 소식을 들음.
* 수일 동안 슬퍼하며 금식 기도함. 기슬르월(12월 경)에서 니산월(3,4월경)까지는 약 100일 정도 됨. 100일 특별금식 기도를 한듯함. 회개 기도와 조국을 위해 헌신할 기회를 달라는 간절한 기도를 함.

3. 느헤미야가 어떤 기도 응답을 받았고 무슨 일을 하였습니까?

* 예루살렘 총독으로 임명받고, 통행증과 성 재건에 필요한 재목을 허락받음.
* 52일 만에 예루살렘 성을 재건함. 에스라와 함께 여호와 종교를 재건함.

4. 느헤미야를 쓰신 하나님은 어떤 분이십니까?

* 기도하는 자를 사랑하시고 응답하시는 하나님. 믿음으로 사는 자에게 기적을 베풀어 주시는 하나님. 하나님을 경외하며 '남은 자'로서 사는 자를 사용해 역사를 이루시는 하나님.

메시지

역사의 주관자이신 하나님께서는 이스라엘을 멸망당한 채로 버려두시지 않으셨습니다. 때가 차매 이스라엘을 다시 회복시키셨습니다. 하나님께서는 죄의 응징으로 형벌을 내리셨지만 동시에 이스라엘 백성을 정화시키셨고 새로운 세계를 열망케 하시어 새로운 역사를 이루셨습니다.

B.C. 722년 북이스라엘 왕국의 앗수르 제국에 의한 멸망, B.C. 586년 남유다 왕국의 바벨론 제국에 의해 멸망이 있었습니다. 바벨론 제국의 제 1차 침공은 B.C. 605년 여호야김 왕 때, 바벨론 느부갓네살 왕이 유다 정복을 발판으로 애굽까지 남진하려는 목적으로 이루어졌습니다. 이때 유다를 거의 초토화 되었고 제 1차로 많은 백성들을 포로로 끌려갔습니다(왕하 24:1~7). 바벨론 제국의 제 2차 침공은 여호야긴 왕 때 일어났습니다. 바벨론 느부갓네살 왕이 여호야김 왕의 배반을 보복하려고 쳐들어 와 성전과 왕궁의 보물을 다 약탈하며 왕, 지도자, 용사, 장인, 대장장이 등 많은 사람들을 제 2차 포로로 끌고 갔습니다. 그리고 여호야긴의 숙부 맛다니야를 시드기야로 이름을 고치고 왕으로 세웠습니다(왕하 24:10~17). 바벨론의 제 3차 침공은 시드기야의 배반에 대한 보복으로 느부갓네살 왕에 의해 이루어졌습니다. 시드기야는 일년 정도 버티다가 예루살렘 성이 완전 함락되었습니다. 유다 마지막 왕 시드기야 두 눈이 뽑힌 채 끌려가고 많은 백성들이 제 3차 포로로 끌려갔습니다(왕하25:1~21).

바벨론 제국을 멸망시킨 바사(페르샤) 제국 고레스 왕은 이스라엘 백성들이 고국에 돌아가도록 칙령을 내렸습니다. 이리하여 이스라엘은 기적과 같이 제 3차에 걸쳐 본토로 귀환하게 되었습니다. 제 1차 포로 귀환은 고레스 왕 원년(B.C. 538년)에 스룹바벨과 예수아의 인도로 이루어졌습니다. 49,897명이 본토에 돌아와 성전을 재건하였습니다(스 1:1~6:22). 제 2차 포로 귀환은 아닥사스다 I세 때(B.C. 459년)에 에스라의 인도로 이루어졌습니다. 1,754명이 귀환하였고 율법학사 에스라를 중심으로 신앙개혁 운동이 이루어졌습니다(스 7:1~10:44). 제 3차 포로 귀환은 아닥사스다 I세 때(B.C. 445년) 느헤미야의 인도로 이루어졌습니다. 믿음의 사람 느헤미야를 중심으로 예루살렘 성을 재건하였습니다(느 1:1~13:31).

역사의 주관자 하나님께서는 줄기차게 인류 구원역사를 이루어 가십니다. 인간의 범죄로 계획에 차질이 빚어지더라도 다시 새 길을 만들어 하나님의 뜻을 마침내 이루어 가십니다. 하나님께서는 '남은 자'를 쓰셔서 역사를 이루십니다. 스룹바벨, 에스라, 느헤미야와 같은 믿음으로 사는 자들을 쓰셔서 당신의 역사를 이루어 가십니다. 역사의 주관자 하나님을 믿고 순종하는 '남은 자'가 되어 하나님께 귀히 쓰임 받는 일꾼 되시기 바랍니다.

▶ 나누어 볼까요?

당신은 교회 복음 사역을 위해 눈물로 기도해 본 적이 있습니까?

합심기도합시다.	우리 주 예수 그리스도의 복음 사역이 불같이 일어나도록

본문 : 학개 1장 1~11절   찬송가 : 354, 246장(새 215, 208)

학개 선지자는 스룹바벨과 함께 귀환하여 성전을 건축할 때 활동하였던 선지자입니다. 아무 것도 없는 절망적 상황 속에서, 본토에 돌아온 그 은혜 하나만을 붙들고 성전을 건축한 성도님들이 장하게 느껴집니다. "성전을 건축하라" 하나님은 말씀하십니다. 하나님 말씀에 순종하여 성전을 건축한 위대한 신앙을 배웁시다.

학개 1장 8절

"너희는 산에 올라가서 나무를 가져다가 성전을 건축하라 그리하면 내가 그것으로 말미암아 기뻐하고 또 영광을 얻으리라 여호와가 말하였느니라"

▶같이 풀어봅시다.

1. 학개는 언제 활동한 선지자입니까(1절)?

* 바사 다리오 왕 I세(본명 Hystaspes, B.C. 522~486년) 제 2년(B.C. 520년) 스룹바벨과 함께 제 1차 포로 귀환하여 성전 건축할 때.

2. 하나님께서는 성전 건축을 회피하는 자에게 무슨 책망을 하십니까(3~6, 9~11절)? 경제적 손실과 불행의 원인이 무엇입니까?

* 성전은 황폐한 상황에 있는데 너희는 판벽한 집(아로새긴 판자를 두른 고급 주택)에 거주하는 것이 옳으냐고 책망하심.
* 많이 수고하여도 좋은 결과를 얻지 못함은 하나님의 복을 받지 못한 까닭임. 경제적 손실의 원인은 물질의 주인이신 하나님을 먼저 섬기지 아니한 까닭임.

3. 매우 열악한 상황인데도 하나님은 무슨 명령을 하십니까(8절)? 성전 건축을 할 때 어떤 축복의 약속이 주어집니까(8절, 2:7, 9, 19, 21, 22)?

* 포로 귀환 후 사회적으로 불안정하고 경제적으로 매우 열악한 상황인데도 하나님은 먼저 "성전을 건축하라!" 명하심.
* 성전 건축을 할 때 하나님이 기뻐하심. 모든 나라가 진동하고 보배가 들어옴. 경제적인 큰 복을 주심, 세계에 영향력 있는 나라가 됨.

4. "성전을 건축하라!"는 명령을 들은 백성들의 반응은 어떠했습니까(1:12, 14)?

메시지

　　유다 왕국이 멸망당할 때 맨 마지막으로 성전이 붕괴되었습니다. 하나님의 백성들이 옛 본토에 귀환했을 때 맨 먼저 착수한 것이 성전 건축이었습니다. 성전은 하나님 임재의 상징이요, 하나님 통치의 상징입니다. 신정통치의 건국이념을 가진 이스라엘로서 성전은 매우 귀중한 의미를 가지는 것입니다. 또한 하나님에 대한 경외심과 충성과 사랑의 구체적인 표현은 성전 건축으로 표현됩니다. 하나님의 전은 황폐하여 폐허 속에 있는데 이를 방치하고 자기 집 짓기에만 몰두하고 있다면 하나님을 진정 사랑하는 사람이라고 볼 수 없습니다. 반대로 몹시 어려운 상황 속에서도 먼저 성전을 사모하며 성전 건축을 하는 사람은 진실로 하나님을 사랑하는 사람이라고 말하지 아니할 수 없습니다.

　　학개 선지자가 활동하던 때는 사회적으로 매우 불안정할 때였습니다. 경제적으로는 정말 어려운 때였습니다. 포로로 70년을 살다가 본토로 돌아왔을 때 얼마나 어려웠겠습니까? 생존을 위하여 몸부림쳐야할 때였습니다. 비록 그러한 어려운 때이지만 하나님께서는 명령하십니다.

　　"너희는 산에 올라가서 나무를 가져다가 성전을 건축하라 그리하면 내가 그것으로 말미암아 기뻐하고 또 영광을 얻으리라 여호와가 말하였느니라"

　　백성들의 어려운 형편을 잘 아시는 하나님께서 명령하십니다. "성전을 건축하라!" 그리고 성전 건축을 하지 않고 있기 때문에 경제적인 손실이 많음을 일깨워 주셨습니다. 하나님 전을 건축하였을 때 많은 복을 약속하여 주셨습니다. 성전건축은 하나님을 기쁘시게 하고 하나님 영광을 높이는 것입니다. 또한 성전 건축은 모든 나라를 진동시키며 모든 나라의 보배가 이르는 복된 것이 될 것입니다. 뿐만 아니라 여러 복이 임합니다.

　　이스라엘 백성들은 학개 선지자를 통한 하나님 말씀을 듣고 회개하고 말씀에 순종하였습니다. 하나님께서 지도자 스룹바벨과 백성들 마음을 감동시켜 주셨습니다. 그리하여 기쁨으로 성전을 건축하게 되었습니다.

　　오늘날도 어려운 여건 속에서 예배당을 건축하여 복을 많이 받는 사람들을 봅니다. 나를 구원하여 주시고 내 인생의 최고 가치가 되는 주님께 나의 최고 사랑을 바칠 것 중의 하나는 예배당 건축입니다. 여러 가지로 주님을 기쁘시게 해 드릴 수 있지만 예배당 건축은 교회를 부흥하게 하고 하나님 이름을 높이며 하나님께 영광 돌릴 수 있는 귀한 길입니다.

　　"성전을 건축하라!"

▶ 나누어 볼까요?

왜 하나님께서는 어려운 형편에 있는 성도들에게 성전 건축을 명하셨을까요?

합심기도합시다.	좋은 예배당, 교육관을 건축하여 하나님께 영광 돌리도록

본문 : 말라기 3장 1절~4장 6절　　　　찬송가 : 12, 71장(새 33, 50)

말라기 선지자는 학개, 스가랴 선지자와 함께 포로 이후 회복의 시기에 활동한 선지자입니다. 특히 말라기는 구약의 마지막 선지자입니다. 말라기 선지자 활동 후 약 400년 동안 침묵 후 하나님의 메시아, 그리스도께서 나타나십니다. 이 구약과 신약 사이의 400년 기간을 중간기라고 부릅니다.

말라기 4장 2절

"내 이름을 경외하는 너희에게는 공의로운 해가 떠올라서 치료하는 광선을 비추리니 너희가 나가서 외양간에서 나온 송아지 같이 뛰리라"

▶같이 풀어봅시다.

1. 말라기 선지자는 언제 활동한 선지자입니까(1:1)?

* 말라기(Malachi)는 '나의 사자'라는 뜻임. 말라기가 어떤 인물인지 자료가 거의 없음. 본문 속의 총독(1:8), 십일조(3:7~12), 이방인과 결혼(2:10~16) 기사를 볼 때 느헤미야가 제 2차 총독으로 부임한 B.C. 432년에 기록된 것으로 보임.

2. 하나님께서 말라기를 통해 예언하신 언약의 사자는 누구입니까(1, 사 40:3, 마 11:10참조)?

* 메시아이신 그리스도 앞에서 길을 예비하는 세례 요한.

3. 십일조는 '하나님의 것'(8절)인데 십일조를 바치지 않는 사람을 향한 하나님의 책망이 무엇입니까(8,9절)? 십일조를 바친 사람에게 무슨 복을 주십니까(10~12절)?

* 십일조는 하나님의 것인데 바치지 않는 자는 하나님의 것을 도둑질한 사람이라 책망하심. 십일조를 바치지 않아 많은 저주와 재앙을 받음(9)
* 십일조를 바치면 복을 쌓을 곳이 없도록 부어 주심. 메뚜기를 금하며 좋은 열매를 거둠.

4. 여호와를 경외하는 자에게 무슨 복이 임합니까(16~18절, 4:2, 3)?

* 여호와 하나님을 경외하는 자에게 내리는 복은 하나님의 기념 책에 기록됨. 하나님의 소유가 됨. 하나님께서 친 자식처럼 아껴주심, 치료의 광선을 비춰주심(복음을 통해 구원해 주심), 외양간에 나온 송아지처럼 기뻐 뛰게 하심, 악인에게 승리를 거두게 하심.

메시지

말라기 선지자는 구약의 마지막 선지자입니다. 스룹바벨이 귀환하여 성전을 건축할 때에 학개와 스가랴 선지자가 주로 활동하였습니다. 그 뒤 약 1세기가 지나 사람들이 다시 세속화 되어 하나님을 올바로 섬기지 아니하였습니다. 대표적인 예가 십일조 생활을 제대로 하지 않는 것이었습니다. 말라기 선지자는 이런 타락을 준엄하게 꾸짖고 장차 놀라운 하나님의 구원이 임할 것을 예언하였습니다.

십일조는 신앙생활에 있어 매우 중요합니다. 하나님을 하나님으로 인정하고 높이는 실제 생활이기 때문입니다. 하나님을 믿는다고 하면서도 십일조 생활하지 않는 것은 바른 신앙이 아닙니다. 진실로 하나님을 믿는다면 당연히 십일조를 하나님께 드려야합니다. 아브라함도 십일조를 멜기세덱에게 드렸고 모세 율법에서도 하나님께서는 십일조를 드리도록 명하셨습니다. 예수님도 십일조를 바치라고 말씀하셨습니다(마 23:23).

십일조는 하나님에 대한 신앙의 구체적 표현입니다. 또한 하나님에 대한 사랑의 표현입니다. 십일조는 하나님과의 관계를 돈독하게 해 주고 하나님의 복을 받는 근거가 됩니다. 십일조 생활을 잘하여 복을 많이 받은 사람의 예는 너무나 많습니다. 십일조 생활을 하지 않아 재산을 잃어버리고 많은 고통당하는 사람도 많습니다. 하나님의 백성들은 하나님께 온전한 십일조를 드려야 합니다. 온전한 십일조를 드려서 복을 많이 받는 성도되시기를 바랍니다.

말라기 선지자 이후 예수님 오실 때까지를 구약과 신약의 중간기라고 부릅니다. 중간기 역사는 성경에 나오지 않습니다. 여러 역사 기록을 통해 나타난 중간기를 간추려 봅니다. 앗수르 제국은 바벨론에게 망하고 바벨론 제국은 바사(페르샤)제국에 망합니다. 헬라 제국을 세운 알렉산더(Alexander B.C. 356~323년)는 바사 제국을 무너뜨립니다. 그가 죽은 후 마케도니아 제국은 그의 수하 네 장군, 셀류큐스(시리아 메소포타미아), 프톨레미(이집트 팔레스틴), 카산더(마케도니아), 리시마쿠스(비두니아, 소아시아)로 나누이게 됩니다. 시리아 왕국의 셀류큐스 왕조는 세력을 강화하여 이스라엘까지 점령하게 되었고 안티오커스 3세의 셋째 아들인 안티오커스 4세 에피파네스는 악독한 인물로서 강력한 헬라화 정책을 추진하였습니다. 헬라화 정책으로 안식일, 절기, 할례를 금지하고 율법서를 불태우고 B.C.167년 12월 25일(그의 생일)에는 성전에 제우스 신상을 세우고 돼지고기 제물을 바치며 유대인들로 하여금 제사를 드리게 하였습니다. 이에 폭발한 유대인들은 B.C. 166년 마카비를 중심으로 혁명을 일으켜 독립하기에 이릅니다. 그 뒤 로마가 정복한 후 에돔 출신인 헤롯을 분봉왕으로 봉하였고 그는 출생적인 약점을 보완하려고 46년에 걸친 성전을 건축하기에 이릅니다. 가장 어두운 때에 드디어 예수님이 오셔서 새 역사를 열게 됩니다.

▶ **나누어 볼까요?**

당신은 온전한 십일조를 드리고 있습니까? 어떤 복을 누리고 있습니까?

합심기도합시다.	십일조 생활 잘하여 신령한 복과 물질의 복 풍성히 누리도록

언약의 성취로 오신 그리스도

본문 : 마태복음 1장 1~25절   찬송가 : 34, 204장(새 10, 288)

성경은 하나님의 인류구원을 밝혀주는 책입니다. 구약성경은 오실 예수님을 예언하고 있습니다. 장차 메시아가 오셔서 인류를 구원할 것을 예언한 내용을 담고 있습니다. 신약성경은 그 예언된 메시아, 예수님께서 오셔서 인류를 구원한 내용을 담고 있습니다. 신약성경의 첫 책인 마태복음은 첫 머리에 하나님 언약의 성취로 오신 그리스도를 선포합니다.

마태복음 1장 1절
"아브라함과 다윗의 자손 예수 그리스도의 계보라"

▶같이 풀어봅시다.

1. 예수 그리스도는 누구의 자손으로 오셨습니까(1절)?
* 아브라함의 자손, 다윗의 자손으로 오심.

2. 구약성경을 요약해 본다면 어떻게 요약할 수 있습니까(2~17절)?
* 하나님께서 아브라함에게 인류 구원을 언약하심(창세기-여호수아).
* 하나님께서 다윗에게 인류 구원을 언약하심(사사기-역대하).
* 하나님께서 바벨론 포로 이후 남는 자들에게 인류 구원의 새 희망을 주심(에스라-말라기).

3. 하나님께서 예언하신 메시아 예수 그리스도께서 어떻게 탄생하셨습니까(18~25절)?
* 성령으로 잉태하심. 아브라함과 다윗의 후손인 요셉과 약혼한 마리아의 몸에 성령으로 잉태하여 오심.

4. 예수 그리스도는 요셉과 정혼한 처녀의 몸을 통해 오셨습니다. 여기에 무슨 뜻이 있습니까(18절)?
* 메시아의 3대 요건인 신성(神性), 인성(人性), 무죄성(無罪性)을 갖추기 위함. 아브라함 언약, 다윗 언약을 성취하기 위함.

메시지

성경의 대 주제는 하나님의 인류 구원입니다. 하나님께서 어떻게 인류를 구원하셨습니까? 하나님께서 예수 그리스도를 통해서 인류를 구원하셨습니다. '구약(舊約)' 곧 옛 언약의 내용을 담은 성경을 구약성경이라 부릅니다. 구약성경의 핵심 내용은 하나님께서 아브라함에게 언약하신 아브라함의 언약과 하나님께서 다윗에게 언약하신 다윗의 언약입니다. 하나님께서는 참 믿음을 가진 아브라함에게 장차 그의 후손 가운데 메시아가 태어날 것을 말씀하셨습니다(창22:18). 다윗에게도 같은 약속을 주셨습니다(삼하 7:12, 13).

"또 네 씨로 말미암아 천하 만민이 복(구원)을 받으리니 이는 네가 나의 말을 준행하였음이니라 하셨다 하니라" (창 22:18)

"네 수한이 차서 네 조상들과 함께 누울 때에 내가 네 몸에서 날 네 씨를 네 뒤에 세워 그의 나라를 견고하게 하리라 그는 내 이름을 위하여 집을 건축할 것이요 나는 그의 나라 왕위를 영원히 견고하게 하리라" (삼하 7:12, 13)

하나님이 언약하신 대로 아브라함의 자손, 다윗의 자손 가운데 메시아, 예수 그리스도가 탄생하셨습니다. 창조주 하나님께서 인류를 구원하시기로 언약하신 그 언약이 감격적으로 성취된 것입니다. 마태는 이 감격적인 언약의 성취를 장엄하게 선포하고 있습니다.

"아브라함과 다윗의 자손 예수 그리스도의 계보라" (마 1:1)

하나님의 인류 구원의 언약의 성취로 오신 그리스도는 어떻게 탄생하셨습니까? 아브라함과 다윗의 언약을 성취하기 위하여 그의 후손인 요셉과 약혼한 여인의 몸을 통해 오셨습니다. 왜 성령으로 잉태하셔야 했습니까? 메시아의 3대 요건인 신성(神性), 인성(人性), 무죄성(無罪性)을 갖추기 위함이었습니다. 인류를 구원하실 메시아는 무엇보다 하나님의 뜻을 잘 알고 하나님의 구원 계획을 이룰 자격을 갖춘 신성을 지녀야 했고 인간을 동정하고 설득하며 이끌기 위해 인성을 갖춰야 했습니다. 또한 인간의 죄를 대신 속죄하기 위해서 무죄한 자가 되어야 했습니다. 이러한 조건을 갖추기 위하여 그리스도는 성령으로 동정녀의 몸에 잉태하셔야 했습니다. 창조주 하나님이 보내신 구원자가 탄생하셨습니다. 그를 믿으면 구원받습니다. 구주 예수님을 믿고 구원 받으시기 바랍니다.

▶ 나누어 볼까요?

당신은 창조주 하나님이 보내신 메시아 예수님을 믿습니까?

| 합심기도합시다. | 온 인류를 구원하기 위해 오신 그리스도를 전하는 전도운동이 활발히 일어나도록 |

그리스도의 생애

본문 : 누가복음 4장 14~21절   찬송가 : 88, 505장(새 88, 452)

하나님의 아들이 세상에 오심으로 하나님 나라가 시작되었습니다. 하나님 아들의 지구에 오심은 인류에게 큰 위로였으며 구원과 희망이었습니다. 메시아의 일거수일투족, 행동 하나하나, 말씀 한마디 한마디는 하나님의 인류구원에 대한 놀라운 계시였습니다. 그리스도의 생애에 대한 사모함과 연구를 통하여 큰 은혜 받으시기 바랍니다.

누가복음 4장 18절

"주의 성령이 내게 임하셨으니 이는 가난한 자에게 복음을 전하게 하시려고 내게 기름을 부으시고 나를 보내사 포로 된 자에게 자유를 눈 먼 자에게 다시 보게 함을 전파하며 눌린 자를 자유롭게 하고"

▶같이 풀어봅시다.

1. 구약 선지자들은 메시아와 그의 나라에 대하여 어떤 예언을 하였습니까(사 9:6, 7)?

* 아기로 오심. 영광스러운 의의 통치자, 기묘자, 모사, 전능하신 하나님, 영존하시는 아버지, 평강의 왕이라는 칭호를 얻음.
* 평화의 왕국, 다윗 왕국과 같은 나라, 영원토록 정의와 공의가 넘치는 나라.

2. 예수님은 유대 사회에서 이방처럼 여기는 천대받는 땅 갈릴리 나사렛에서 사역을 시작하셨습니다. 예수님의 3대 사역이 무엇이었습니까(14, 15절, 마 4:23)?

* 전파하심(preaching, 전도), 가르치심(teaching, 교육), 고치심(healing, 봉사)

3. 예수님께서 고향인 나사렛 회당에서 읽으신 말씀이 무슨 말씀이었습니까(17~19절)?

* 이사야 61:1,2
* 성령으로 일하심. 가난한 자들을 사랑하시고 복음을 전하심. '포로 된 자에게 자유를', '눈 먼 자에게 다시 보게 함을', '눌린 자를 자유롭게', '희년을 선포'.

4. 예수님께서 사람들에게 전파한 말씀이 무엇이었습니까(20, 21절)?

* "이 글이 오늘 너희 귀에 응하였느니라." 메시아의 강림과 사역을 예언한 말씀인데 그대로 성취되었다는 선포임.

메시지

예수 그리스도가 누구입니까? 창조주 하나님께서 보내신 인류 구원의 메시아입니다. 그렇다면 그 분이 하신 말씀 한마디, 행동 하나하나는 매우 의미심장하겠습니다. 그렇습니다. 매우 의미심장합니다.

"옛적에 선지자들을 통하여 여러 부분과 여러 모양으로 우리 조상들에게 말씀하신 하나님이 이 모든 날 마지막에는 아들을 통하여 우리에게 말씀하셨으니 이 아들을 만유의 상속자로 세우시고 또 그로 말미암아 모든 세계를 지으셨느니라." (히 1:1, 2)

예수 그리스도의 생애는 매우 중요합니다. 첫째, 그리스도의 생애는 하나님이 보내신 인류 구원의 메시아임을 확인하는 확증입니다. 구약에 예언된 바로 그 메시아임을 보여줍니다. 둘째, 그리스도 생애의 성육신, 십자가, 부활은 하나님의 인류 구원을 이루는 '하나님의 구원 사건'입니다. 셋째, 인류에게 모범을 보여줍니다. 그리스도는 자신의 생애를 통하여 '하나님 사랑, 인간 사랑'의 모범을 보여주셨습니다. 그래서 인간에게 희망을 주셨고 바른 인간성 회복의 가능성을 열어주셨습니다. 넷째, 그리스도의 생애는 하나님의 인류에 대한 최고 사랑의 표현입니다. 임마누엘의 하나님 곧 우리와 함께하시며 동행하시는 사람의 하나님, 위로의 하나님을 계시해 줍니다. 다섯째, 그리스도의 말씀, 이적, 인격, 삶은 인류 구원에 관한 많은 교훈을 얻게 하며, 신앙생활과 인생에 많은 지혜를 얻게 합니다.

그리스도의 생애는 천국복음 전파가 주된 사역이었습니다. 그리고 천국 진리를 가르쳐 참 신앙을 가지도록 교육하셨습니다. 그리고 병과 약한 것을 고치시며 사랑으로 돌보며 섬기는 봉사 사역을 하셨습니다. 그리스도의 생애를 본받아 오늘날 교회도 전도, 교육, 봉사를 사명으로 여기고 일하고 있습니다.

그리스도께서는 여러 사람을 상대로 대중 사역도 하시고 각 개인을 상대로 개인 사역도 하셨습니다. 한 영혼 한 영혼을 돌보셨습니다. 사랑이 필요한 사람들, 즉 가난한 자들을 더욱 사랑하시고 그들에게 천국복음을 전파하셔서 영적으로 부요케 하셨습니다. '가난한 자들에게 복음을!', '포로 된 자에게 자유를!', '눈 먼 자에게 다시 보게 함을!', '눌린 자를 자유롭게!'가 예수님의 천국운동 표어였습니다.

예수님의 아름다운 생애를 본받아 우리들도 하나님이 기뻐하시는 아름다운 삶을 살아야겠습니다. '하나님 사랑, 인간 사랑'의 예수님 삶을 배웁시다. 그 속에 천국이 있습니다.

▶ 나누어 볼까요?

당신은 그리스도의 생애를 어떻게 배우고 닮고 있습니까?

합심기도합시다. 그리스도를 닮은 전도, 교육, 봉사 사역이 우리 교회에 풍성히 일어나도록

십자가와 부활

본문 : 요한복음 19장 28~30절   찬송가 : 144, 159장(새 144, 161)

하나님께서 인류 구원을 어떻게 이루셨습니까? 하나님의 아들 예수 그리스도의 십자가 죽음과 부활을 통하여 인류 구원을 이루셨습니다. 신성, 인성, 무죄성을 갖추신 그리스도께서 인류의 죄에 대한 형벌을 대신 지시고 영원한 속죄의 제사를 드림으로 그를 믿는 자의 죄를 사하시고 그리스도의 의를 덧입혀 주신 것입니다. 그러므로 예수 그리스도를 믿으면 구원받는 것입니다.

요한복음 19장 30절

"예수께서 신 포도주를 받으신 후에 이르시되 다 이루었다 하시고 머리를 숙이니 영혼이 떠나가시니라"

▶같이 풀어봅시다.

1. 예수님께서 십자가에 죽으시기 전에 십자가와 부활에 대하여 어떻게 말씀하셨습니까(막 8:31, 9:31, 10:33, 34, 14:8, 22~24)?

* 예수님은 십자가에 죽기 전에 여러 번 십자가와 부활을 가르치셨음.
* 예수님은 십자가 죽음이 다가옴을 아시고도 피하지 않으시고 뚜벅뚜벅 걸어가셨음.

2. 예수님이 십자가형을 받게 된 죄목이 무엇이었습니까(19:6 ,19)?

* 재판관이 여러 가지로 심문도 하고 채찍질도 해본 후 결론적으로 '죄 없다' 무죄를 선언함(19:6). 그런데도 십자가형을 내린 것은 대제사장과 무리들의 반란을 두려워했기 때문임.
* 십자가에 쓰여진 죄목은 '유대인의 왕(메시아의 다른 칭호, 마 2:2)' 임.

3. 예수님이 십자가에서 돌아가시기 직전 남긴 말씀은 무엇입니까(30절)?

* "다 이루었다!" 다 지불되었다. 다 갚았다는 뜻임.

4. 예수님이 언제 부활하셨습니까(20:1)? 그리스도 부활의 의미는 무엇입니까?

* 안식후 첫날, 즉 주일 새벽에 부활하심.
* 십자가가 우연한 죽음이 아니라 인류구원의 사건이라는 확증(롬 1:4). 믿는 자의 칭의를 위하여 부활하심(롬 4:25). 하나님을 향하여 살도록 하기 위함(롬6:10, 11). 믿는 자의 부활(고전 15:22). 그리스도의 재림의 확실성(행 1:11).

메시지

신실하신 하나님께서는 약속을 반드시 지키십니다. 아브라함, 다윗, 여러 선지자에게 약속하신 인류 구원을 드디어 성취하십니다. 하나님께서는 때가 차매 아들을 이 땅에 보내시어 아들의 순종과 아들의 영원한 속죄의 제사와 부활로 인류를 구원하셨습니다. 복음서 저자들은 그리스도에 관하여 많은 이야기를 하고 싶었지만 거의 생략하고 그리스도의 십자가와 부활에 대하여 많은 지면을 할애하여 기록하였습니다. 왜냐하면 그리스도의 십자가와 부활 사건은 인류 구원의 사건이기 때문이었습니다.

구원이 무엇입니까? 하나님과의 올바른 관계, 즉 하나님과의 화목입니다. 죄가 무엇입니까? 하나님과의 관계 단절입니다. 하나님과 인간 사이를 가로막고 있는 죄의 장벽을 그 무엇으로도 허물 수가 없는 것입니다. 그리하여 인간은 하나님의 진노의 형벌 아래 하나님을 두려워하며 하나님의 원수가 되어 있는 것입니다. 그렇다면 어떻게 하나님과 화목할 수 있습니까? 인간의 그 무슨 행위로도 하나님의 진노를 풀 수가 없습니다. 그러므로 인간 안에는 구원이 없는 것입니다. 그렇다면 구원이 어디서 옵니까? 인간 밖에서, 즉 하나님께로부터 와야 하는 것입니다. 하나님께서는 인간이 용서받고 하나님 저주에서 벗어날 길을 만들어 주셨습니다. 하나님 아들을 보내신 것입니다. 아들은 아버지의 뜻을 받들어 온전히 순종하셨습니다. 자기 목숨을 인류의 죄와 저주의 대가로 자기 목숨을 대속물로 바친 것입니다. 그리스도의 십자가 죽음은 우연히 재수 없게 끌려가 억울하게 죽은 죽음이 아니라 하나님의 영원한 속죄의 제사였던 것입니다(히9:12). 이 놀라운 구원의 은혜를 겸손히 받아들이고 믿는 자에게는 죄사함과 구원의 기쁨이 넘치는 것입니다.

그리스도의 부활은 십자가 죽음이 하나님의 인류 구원의 사건임을 온 천하에 확증하는 사건입니다. 죄사함만 받았다고 온전히 구원받은 것이 아닙니다. 하나님 앞에 의롭다 함을 받고 하나님 앞에 살 의를 공급 받아야 합니다. 그리스도께서 부활하심으로 이것이 가능하여진 것입니다. 뿐만 아니라 그리스도의 부활을 믿음으로 죽음의 권세에서 해방되어 영생을 소유하며 영원한 희망을 가지고 하나님 자녀답게 살 수 있게 된 것입니다. 하나님께서는 그리스도의 성육신, 십자가 죽음, 부활로 인류를 구원해 주셨습니다. 그러므로 반드시 복음을 믿는 믿음이 필요합니다. 예수님께서 그렇게 믿음을 강조하신 것이 이 이유 때문입니다. 믿음이 없다면 복음이 효력을 발휘할 수 없게 됩니다. 하나님은 믿음 없는 자까지도 구원해 주시지 않습니다. 오직 복음을 믿는 자에게 죄사함과 칭의, 성화, 영생을 주셔서 하나님 자녀로 살게 해 주십니다. 예수님을 확실히 믿고 구원의 은혜 받으십시오.

▶ **나누어 볼까요?**

당신은 어떻게 구원에 이르는 믿음을 갖게 되었습니까?

합심기도합시다. 안 믿는 영혼들을 구원하도록, 선교에 힘쓰는 선교사님의 사역을 위하여

하나님 나라

본문 : 마가복음 1장 14, 15절   찬송가 : 516, 265장(새 427, 516)

인류를 구원하러 오신 메시아의 첫 메시지는 대통령의 취임사처럼 매우 중요합니다. 왜냐하면 그가 이루고자 하는 일의 본질과 궁극적 목적을 알 수 있기 때문입니다. 예수님이 이루시고자 한 일이 무엇이었습니까? 하나님 나라였습니다. 예수님이 이루려는 궁극적 목적이 무엇이었습니까? 하나님이 통치하시는 천국, 곧 하나님 나라 건설이었습니다.

마가복음 1장 15절

"이르시되 때가 찼고 하나님 나라가 가까이 왔으니"

▶같이 풀어봅시다.

1. 세례 요한의 체포됨은 무슨 뜻이 있습니까(14절)? 그가 잡힌 후 예수님은 무슨 일을 하셨습니까(14절)?

* 구약의 마지막 주자인 세례자 요한의 임무가 끝나고 새 주자가 필요함을 뜻함.
* 예수님은 세례자 요한이 잡힌 소식을 접하고 공생애를 시작하심. 갈릴리에서 천국복음을 전파하기 시작하심. 신약 시대가 열림.

2. 예수님께서 첫 메시지에서 선포하신 것이 무엇입니까(15절)? 그 하나님 나라란 무엇입니까?

* 하나님 나라가 가까이 왔다. 하나님 나라(The Kingdom of God)가 도래하였다고 선포하심. 메시아의 강림으로 하나님 나라가 시작됨.
* 하나님 나라의 핵심 개념은 '하나님의 통치가 임하는 영역' 을 말함. 즉 타락 이전의 영광의 상태의 회복을 의미함.

3. 하나님 나라에 들어가기 위해서 절대적으로 필요한 것이 무엇입니까(15절)?

* 회개하고 복음을 믿어야 됨.
* 회개란 하나님 말씀에 불순종함에서 순종으로 돌아섬을 말함. 하나님 없이 마음대로 살던 상태에서 하나님을 모시고 순종하는 상태로 돌아섬을 말함. 복음을 믿음은 하나님의 아들 예수 그리스도를 나의 구주로 영접하고 순종함을 말함.

메시지

예수님의 첫 메시지는 "하나님 나라가 가까이 왔다." 즉 천국의 도래 선포였습니다. 예수님의 교훈의 핵심은 '하나님 나라' 였습니다. "너희는 먼저 그의 나라와 의를 구하라 그리하면 이 모든 것을 너희에게 더하시리라" (마 6:33) 하나님 나라란 무엇입니까?

'하나님 나라' 라는 단어는 신약 성경에 67회(마-4, 막-14, 눅-32, 요-2, 행-6, 바울 서신-8, 계-1회) 나옵니다. '천국' 이란 단어는 35회(마-33, 요-1, 히-1회) 나옵니다. 두 단어가 같은 뜻입니다. '하나님 나라' 의 핵심 개념은 '하나님의 통치' (reign)입니다. 그리고 부수적으로 '하나님 통치가 임하는 영역' (realm), '하나님 통치를 받는 사람' (people)입니다. 주님께서 가르쳐 주신 기도의 처음 부분처럼 하나님의 이름을 거룩히 여기며, 하나님 뜻이 이루어지도록 순종하는 세계입니다. '하나님 나라' 는 예수 그리스도와 밀접한 관계를 갖고 있습니다. 그리스도의 오심으로 하나님 나라가 시작되었습니다. 그리스도의 재림으로 하나님 나라가 완성됩니다. 그리스도의 오심으로 사탄의 왕국이 분열되고 깨어지고 망하게 되었습니다. 원래 이 세상은 '하나님 나라' 였는데 인간의 타락으로 말미암아 '사탄의 왕국' 이 되고 말았습니다. 그래서 사탄 마귀를 세상 임금이라 부르는 것입니다. 그리스도의 오심으로 세상 임금인 사탄이 쫓겨 가게 되고 그의 왕국은 파괴됩니다. 원래 하나님 나라를 되찾아 회복시키는 것입니다. 마태복음 13장의 씨 뿌리는 자의 비유는 천국의 시작, 곡식과 가라지 비유는 천국의 현재성과 미래성, 겨자씨 비유는 천국의 외적 확장, 누룩의 비유는 천국의 내적 확장, 감추인 보화 비유는 천국의 비밀의 속성과 절대적 가치, 값진 진주 비유는 천국 소유, 그물 비유는 천국의 완성에 관한 말씀입니다.

그러므로 하나님 나라는 이미 벌써(already) 임하였고, 아직은(but not yet) 완성되지 않았습니다. 이 종말론적 구조 속에서 신자들은 최후 승리를 확신하며 기쁨과 감사 속에서 확신 있게 전진함과 동시에 완성을 향하여 확신 속에서 기쁘게 순종하며 헌신하는 태도를 가지게 됩니다. 한편으로는 이미 이루어진 승리에 기뻐하면서 또 한편으로는 그 승리가 확실히 삶 속에서 이루어지도록 최선을 다하는 것입니다. 이 모습은 불확실한 미래를 향하여 전전긍긍하며 무거운 멍에를 메고 끌려가는 모습과 전혀 다르며, 약간의 성과를 내고 기고 만장하여 거드름을 피우는 모습과도 전혀 다릅니다. 다가올 영광에 대한 감격을 가지고 기쁘게 오늘 충성을 다하는 모습입니다. 곧 아파트 입주할 것을 생각하며 기쁘게 일하며 준비하는 사람과 같습니다.

천국은 장소적 의미도 담고 있습니다. 천국은 단지 심리적인 것이 아닙니다. 주님께서 예비하시고 기다리고 계신 곳입니다. 우리는 오늘도 그 천국을 바라보며 현재 이루어질 그리스도의 나라를 생각하며 천국 복음을 힘있게 전파합니다.

▶ **나누어 볼까요?**

우리 가정과 내 마음에 천국이 임하기 위해서는 어떻게 해야겠습니까?

> **합심기도합시다.** 가정천국, 교회천국, 직장천국, 나라천국을 위해 기도합시다

성령 강림 사건

본문 : 사도행전 2장 1~11절   찬송가 : 268, 179장(새 505, 185)

하나님의 인류 구속사에서 '성령강림 사건'은 매우 귀중한 사건입니다. 하나님의 아들 예수 그리스도께서 십자가에 죽으시고 부활하심으로 인류 구원을 이루셨고 성령님이 강림하심으로 그 구원이 각 개인에게 임하게 되었습니다. 전자를 객관적인 구원의 사건이라 하고 후자를 주관적인 구원의 사건이라 부릅니다.

사도행전 2장 4절

"그들이 다 성령의 충만함을 받고 성령이 말하게 하심을 따라서 다른 언어들로 말하기를 시작하니라"

▶같이 풀어봅시다.

1. 십자가에서 죽으시고 부활하신 예수님께서 승천하시기까지 얼마동안 지상에 계셨습니까(1:3)? 부활하신 예수님께서 줄기차게 명하신 내용이 무엇이었습니까(1:4)?

* 40일 동안 확실한 많은 증거로 친히 살아계심을 나타내심.
* "아버지께서 약속하신 것(성령)을 기다리라"

2. 예수님께서 승천하시면서 마지막으로 남기신 말씀이 무엇이었습니까(1:8)? 그 말씀이 사도행전에 어떻게 이루어졌습니까(2:4, 6:7, 9:31, 28:30, 31)?

* 선교 명령. 주님의 지상명령(至上命令). "예루살렘에서 시작하여 땅 끝까지 복음 전파하라."
* 성령 강림(1:8~2:3), 예루살렘 교회(2:4~6:7), 온 유대와 사마리아 복음 전파(6:8~9:31), 땅 끝까지 전파된 복음(9:32~28:31).

3. 제자들이 주님 말씀에 순종하여 무엇을 하였습니까(1:14)? 성령이 언제 어떻게 임하였습니까(1~3절)? 성령이 각 사람에게 임하자 무슨 일이 일어났습니까(4절)?

* 공포의 도시 예루살렘으로 돌아가 기도함.
* 가룟 유다 대신 맛디아를 뽑아 채우고 간절히 기도할 때. 오순절에. 급하고 강한 바람(태풍)같은 소리, 모든 것을 불태워 버리는 불의 혀처럼 갈라지는 것(불꽃)이 각 사람 위에 임함.
* 성령 충만하여 각국 방언으로 복음을 전파함.

4. 성령 강림의 가장 큰 결과가 무엇입니까(2:41)?

* 예루살렘 교회의 탄생. 세계 최초로 교회가 탄생함.

메시지

위대한 개혁신학자 헤르만 바빙크는 "우주에 3대 기적이 있으니 천지창조의 사건, 하나님이 인간의 몸을 입고 오신 성육신의 사건, 하나님이 피조물인 인간 안에 내주 하시는 성령 강림의 사건이다." 라고 말했습니다. 성령 강림 사건은 그만큼 중요한 사건입니다.

성령 강림은 인류 구속사에서 중요한 분수령을 이루는 획기적인 사건입니다. 성령 강림의 의의가 무엇입니까?

첫째, 성령 강림은 그리스도의 십자가 죽음과 부활이 하나님의 인류 구원의 사건이라는 하나님의 인치심입니다. 인류 구원의 성부 하나님의 뜻에 온전히 순종하셔서 십자가에서 죽으시고 부활하신 예수님은 승천하셔서 인류 구원 사역을 성부 하나님께 보고드립니다. 그리스도의 사역을 기쁘게 받으신 성부 하나님께서는 인류 구원의 새 시대를 여시고자 성령을 보내신 것입니다. "과연 창조주 하나님께서 예수님의 구원 사역을 받으시어 새 시대를 여셨구나!" 하는 진리를 깨닫게 하는 것이 바로 성령 강림 사건입니다.

둘째, 성령 강림은 인류 각 개인이 하나님의 구원을 받는 구체적 사건입니다. 흔히 그리스도의 십자가와 부활 사건을 '객관적인 구원 사건' 이라 하고 성령이 임하여 그리스도의 구원을 영접하여 구원의 확신을 갖게 되는 사건을 '주관적인 구원 사건' 이라고 합니다. 만일 성령이 임하시지 않았으면 그리스도 안에 구원이 있음을 알지도 못하고 믿지도 못하고 거듭나지도 못했을 것입니다. 성령께서 무지한 인간을 깨우쳐 복음을 믿게 함으로 거듭나고 구원받는 것입니다.

셋째, 성령 강림은 복음 전파와 교회의 탄생을 의미합니다. 성령이 임하면 무슨 권능을 받습니까? 물론 여러 능력을 받지만 주로 복음 전파의 능력을 받습니다. 맨 처음 성령받은 사람들도 각국 방언으로 복음을 전파하였습니다. 베드로도 놀라운 능력의 복음을 전파하여 3,000명이 회개하여 예루살렘 교회가 탄생하게 된 것입니다. 교회와 성령은 뗄 수 없는 관계를 가지고 있습니다. 교회를 탄생케 한 이가 성령님이시요, 교회를 힘 있게 하시는 분이 성령님이시요, 교회를 인도하시는 분이 성령님이십니다.

넷째, 성령 강림은 만백성을 구원하시어 세계 선교를 이루시려는 하나님의 뜻입니다. 성령 강림으로 인종, 국가, 나이, 남녀, 피부색, 빈부를 초월하여 모두를 한 가족으로 만드는 것이 성령님의 역사입니다. 하나님은 온 우주의 하나님이십니다. 그런데 인간의 죄로 나누어지고 싸우고 대립하고 대적하는 일이 벌어진 것입니다. 그러나 성령으로 말미암아 모든 차별이 없어지고 믿는 자는 모두 한 가족이 되는 놀라운 일이 일어난 것입니다. 성령 충만하여 온 우주를 하나 되게 하는 생명의 복음을 전파하시기 바랍니다.

▶ **나누어 볼까요?**

당신은 성령 충만합니까? 어떤 삶을 사십니까?

> **합심기도합시다.** 성령 충만한 교회되어 힘차게 복음을 전파하도록

오, 예루살렘교회!

본문 : 사도행전 2장 37~47절   찬송가 : 184, 259장(새 252, 502)

지구상에 하나님의 교회의 출현은 우주 역사에 획기적인 사건입니다. 구약의 하나님 백성들의 공동체도 넓은 의미에서 교회입니다. 그래서 구약교회라 부릅니다. 그러나 그리스도의 보혈로 죄사함을 받고 영생을 소유하고 성부 하나님께 영으로 경배하는 신약의 성도들이 진정한 교회입니다. 영원히 사모할 초대 교회, 예루살렘교회를 살펴봅시다.

사도행전 2장 47절

"하나님을 찬미하며 또 온 백성에게 칭송을 받으니 주께서 구원받는 사람을 날마다 더하게 하시니라"

▶같이 풀어봅시다.

1. 예루살렘교회가 어떻게 탄생하게 되었습니까(37~41절)?

* 성령 강림하던 날 성령 받은 사람들이 복음을 전파함으로 3,000명이 믿고 회개하여 예루살렘교회가 탄생함.

2. 예루살렘교회의 모습이 어떠하였습니까(42~47절)?

3. 솔로몬 행각에 많은 사람들이 모인 이유가 무엇입니까(3:11)? 그 때 복음을 믿는 자가 어느 정도였습니까(4:4)?

4. 예루살렘교회에 어떤 어려움이 찾아왔습니까(4:3, 18, 5:1, 2, 6:1)? 각각 그 어려움을 어떻게 극복했습니까(4:8, 19, 31, 5:3, 6:2~4)?

5. 예루살렘교회의 성장 비밀은 무엇입니까(6:7)?

메시지

사도행전은 1장 8절을 중심으로 기록되었습니다. "오직 성령이 너희에게 임하시면 너희가 권능을 받고(1:1~2:3)", "예루살렘과(2:4~6:7)", "온 유대와 사마리아와(6:8~9:31)", "땅 끝까지 이르러 내 증인이 되리라(9:32~28:31)" 즉 팔레스타인 지역 예루살렘에서 어떻게 세계의 심장부 로마에까지 복음이 전파되었는지를 가르쳐 주고 있습니다. 복음서는 지상의 그리스도를 보여주고 사도행전은 천상의 그리스도를 보여줍니다. 천상의 그리스도께서 어떻게 교회를 세우시고 보호하시고 인도하시는지를 상세히 가르쳐 주고 있습니다.

하나님의 교회가 예루살렘에서 시작된 것은 구속사적인 관점에서 매우 중요합니다. 예루살렘은 하나님께서 임재의 상징으로 성전을 두신 곳입니다. 하나님 통치의 상징인 성전이 있는 거룩한 성, 예루살렘에서 하나님의 인류 구원의 복음이 전파되어 만백성을 구원하여 예루살렘으로 돌아올 것을 선지자들은 꿈꾸었습니다(사 2:2,3). 그래서 예수님도 예루살렘을 떠나지 말고 구약의 구원역사를 예루살렘에서 계승하도록 명하신 것입니다. 예루살렘에 어떻게 교회가 시작되었습니까?

성령 강림으로 예루살렘교회가 탄생하였습니다. 성령 받은 성도들이 기뻐 복음을 전파하였습니다. 세계 각국에서 온 순례객들이 각국 방언으로 말하는 성도들을 신기하게 여겨 몰려들 때에 사도 베드로가 성령 충만하여 성령 강림과, 그리스도의 십자가, 부활을 중심한 설교를 하였습니다. 감동을 받고 세례를 받은 사람들이 3,000명이나 되었습니다. 구원받은 성도들은 너무나 아름다웠습니다. 회개와 믿음의 결단의 역사, 성령의 기쁨이 충만함, 즐거운 모임, 말씀을 배움, 재산을 팔아 헌금하여 필요에 따라 나눔, 찬양과 즐거운 교제, 기쁨에 넘치는 전도, 아름다운 선행, 시민들의 칭찬을 받음, 너무나 순결하고 수준 높은 영적 문화를 이룸으로 강력한 영적 공동체가 탄생한 것입니다. 사탄이 놀라 여러 가지 방법으로 교회를 핍박했지만 교회는 더욱 성장해 갔습니다.

예루살렘 교회 성장의 비밀은 인간의 노력이 아니라 강력한 성령의 역사였습니다. 성령님께 순종하는 사람들을 쓰셔서 하나님께서 강력하게 일하셨습니다. 초대교회 성도님들은 순수한 마음으로 복음을 영접하고 기도에 힘써서 성령 충만하였습니다. 그리스도의 사랑이 넘쳤습니다. 주위 사람들을 감동시키는 일들이 많았습니다.

▶나누어 볼까요?

예루살렘교회를 통해 배운 점은 무엇입니까?

합심기도합시다. 순수한 믿음으로 성령 충만하여 힘써 복음 전파하도록

제 42과 온 유대와 사마리아의 복음 전파

본문 : 사도행전 8장 1~17절   찬송가 : 277, 275장(새 499, 498)

예루살렘에서 어떻게 온 유대와 사마리아 지역에 복음이 확산되었습니까? 스데반 순교와 당국의 핍박 때문이었습니다. 하나님께서는 순교와 핍박이라는 악조건 속에서 큰 일을 이루셨습니다. 성령의 역사가 너무나 강력하여 당국자들의 핍박으로 저지할 수가 없었습니다. 도리어 복음이 전국으로 확산되는 결과를 낳고 말았습니다. 배후에 하나님이 계셨기 때문입니다.

사도행전 8장 5절
"빌립이 사마리아 성에 내려가 그리스도를 전하니"

▶같이 풀어봅시다.

1. 스데반이 얼마나 능력 있게 복음을 전파하였습니까(6:8, 10, 15, 7:55)?
* 스데반은 구약 성경을 잘 해석하여 능력 있게 복음을 전파했음.

2. 스데반이 어떻게 순교 당하였습니까(8:56~60)?

3. 스데반 순교 후 교회에 어떤 일이 일어났습니까(1~3절)?

4. 쫓겨 도망가던 빌립 집사는 어떻게 복음을 전했습니까(4~12절)? 사마리아 교회가 어떻게 세워지게 되었습니까(14~17절)?
* 그리스도를 전파함. 오직 순수하게 복음을 전파함. 병을 고치며 능력을 보여주며 복음을 전파함.
* 사마리아에 믿는 사람이 많으므로 사도 베드로와 요한이 내려가 예배를 드리고 기도하고 안수하니 성령을 받아 사마리아 교회가 탄생함.

5. 핍박하던 사울이 어떻게 회개하고 복음을 믿게 되었습니까(9:1~19)? 그 결과 어떻게 되었습니까(9:31)?

메시지

예루살렘에 놀라운 복음역사가 일어났습니다. 너무나 아름답고 강력한 복음 역사가 일어나자 사탄의 역사도 강력하였습니다. 대제사장, 바리새인 서기관들이 대적하고 일어난 것입니다. 사도들을 가두고 때리며 복음 전하지 말도록 협박하였습니다. 그러나 성령을 받아 천국 복음의 비밀을 깨달은 사도들은 인간의 핍박에 굴복하지 않았습니다. 도리어 더욱 강하게 복음을 전하였습니다. 사도들뿐만 아니라 집사들도 능력 있게 복음을 전파하였습니다. 가장 능력 있게 복음을 전하는 사람은 스데반이었습니다. 성령의 은혜에 충만한 그는 구약 성경을 꿰뚫으며 그 뜻을 밝히 깨달고 해석하였습니다. 하나님의 말씀을 통하여 무소부재하신 하나님, 살아계신 하나님께서 메시아를 보내셨건만 거역하고 불순종한 그들의 죄를 지적하자 대적하던 사람들은 마음에 찔림을 받았습니다. 당연히 회개해야 하건만 그들은 도리어 스데반을 죽이고자 돌을 들었습니다. 그리하여 마침내 그들은 천사같은 스데반을 돌로 쳐 죽였습니다. 최초의 복음 순교가 일어났습니다.

이 스데반 순교로 말미암아 대 핍박이 일어난 것입니다. 마치 활활 타는 모닥불을 꺼버리고자 탁 내리치는 것같이 대 핍박이 일어났습니다. 그리하여 예루살렘에 모여 있던 성도님들은 전국으로 흩어지게 되었습니다. 그런데 초대교회 성도님들은 놀라웠습니다. 재산을 빼앗기고 가족이 붙잡혀 가는 그 와중에도 도망가면서 복음을 전하는 것이었습니다. 아니 복음을 전하지 않고는 견딜 수 없었습니다. 하나님께서 이루신 인류 구원의 기쁜 소식을 전하지 않고 견딜 수가 없었던 것입니다. 그 대표적인 예가 빌립 집사입니다.

빌립 집사는 순수한 복음의 열정에 불타올랐습니다. 사마리아에서 복음을 전하였습니다. 유대인들은 사마리아 사람들을 매우 경멸하였습니다. 그런데 그런 모든 인간적인 장벽을 초월하여 그리스도의 사랑으로 복음을 증거하였습니다. 순수한 복음의 열정에 불타올라 복음 전하는 빌립 집사의 전도는 놀라운 반응을 일으켰습니다. 성령의 능력이 나타났습니다. 신유의 역사가 나타났습니다. 마술하던 시몬도 놀라서 회개하고 따를 정도였습니다. 빌립 집사 전도의 특징은 예수님이 구주이심과 그가 하나님 나라를 선물로 주심을 전파하였습니다.

예수님은 핍박자 사울을 회개시키셨습니다. "사울아, 사울아 어찌하여 나를 핍박하느냐?" 하나님께서는 악랄하게 핍박하는 사울도 회개시킴으로 복음의 능력을 보이셨습니다.

"그리하여 온 유대와 갈릴리와 사마리아 교회가 평안하여 든든히 서 가고 주를 경외함과 성령의 위로로 진행하여 수가 더 많아지니라"

▶ 나누어 볼까요?

핍박 가운데 놀라운 역사를 이루시는 하나님의 섭리에 대하여 깨달은 바를 말하시오

합심기도합시다. 순수한 복음의 열정에 불타오르도록

제 43과 선교의 전진 기지, 안디옥교회

본문 : 사도행전 11장 19~30절, 13장 1~3절   찬송가 : 271, 275장(새 495, 498)

하나님의 복음이 이스라엘을 넘어 세계로 나아가기에는 큰 장벽이 있었습니다. 인종적 장벽, 문화적 장벽, 언어적 장벽 외에 가장 큰 장벽은 신학적 장벽이었습니다. 선민사상을 가진 이스라엘 사람들이 이방 민족도 하나님이 선택하셨다는 것은 도무지 용납할 수 없는 일이었습니다. 그런데 이 넘기 어려운 장벽을 어떻게 넘게 되었습니까?

사도행전 13장 2절

"주를 섬겨 금식할 때에 성령이 이르시되 내가 불러 시키는 일을 위하여 바나바와 사울을 따로 세우라 하시니"

▶같이 풀어봅시다.

1. 주님의 지상 명령을 한 번 외워 보시오(행 1:8)?

2. 성령님은 이방 세계에 복음을 전파하기 위하여 빌립 집사를 통하여 무슨 일을 하셨습니까(8:26~39)?

3. 성령님은 이방세계에 관심을 갖지 않는 초대 교회와 베드로를 깨우치기 위하여 무슨 일을 하셨습니까(10:1~11:18)?

4. 이방 땅 안디옥에 어떻게 교회가 세워지게 되었습니까(19~24절)? 안디옥교회가 크게 부흥한 비결은 무엇입니까(25~30절)?

5. 안디옥교회는 무슨 성령의 지시를 받았으며 어떻게 순종합니까(13:1~3)?

메시지

예수님은 사도들에게 선교 명령을 내리셨습니다. 선교를 하기 위해서는 먼저 성령을 받아야 함을 강조하셨습니다. 성령을 받음과 선교는 어떤 관계에 있습니까? 긴밀한 관계에 있습니다. 복음의 비밀을 깨달으려면 반드시 성령을 받아야 합니다. 사도들도 성령을 받은 후 십자가 보혈의 죄사함, 부활의 생명, 영원한 하나님 나라에 대한 확신을 갖게 되었습니다. 선교는 복음의 능력으로 되는 것이요, 그 능력을 덧입는 것은 바로 성령을 통해서입니다. 예수님은 선교의 시작을 예루살렘에서 하도록 명하셨습니다. 예루살렘은 하나님의 임재의 상징인 성전이 있는 곳이요, 하나님께서 구별하신 거룩한 성이며, 많은 선지자들이 하나님의 말씀의 근원지가 될 것을 예언한 성입니다. 예수님은 복음이 구약 예언대로 예루살렘에서 시작하여 온 유대와 사마리아에 전파될 것을 말씀하셨습니다. 그런데 예루살렘 교회는 주님의 지상명령을 준행하지 못하고 있었습니다. 온 유대와 사마리아 복음전파를 생각하지 않고 있을 때에 스데반 순교가 터진 것입니다. 그래서 이일로 말미암아 대 핍박이 일어나 성도들이 온 유대와 사마리아로 흩어지게 되었습니다. 초대교회 성도님들은 피난을 가면서도 곳곳에 복음을 전하여 온 유대와 사마리아에 복음이 전파되고 교회가 세워지게 되었습니다.

예수님은 더 나아가 땅 끝까지, 즉 이방 세계에 복음을 전하도록 명하셨습니다. 그러나 초대교회는 이 주님의 뜻을 전혀 깨닫지 못하고 있었습니다. 그래서 주님은 친히 세계 선교의 문을 여셨습니다. 빌립 집사에게 에티오피아 내시 즉 흑인에게 복음을 전하도록 명하셨습니다. 사도 베드로에게 로마 백부장에게 복음을 전하여 성령을 받는 체험을 하게 하셨습니다. 이렇게 성령님께서 일하시는 데도 초대교회 유대인들은 베드로에게 이방인 집에 들어갔다고 비난을 퍼부었습니다. 복음이 이방 세계로 넘어가는데 얼마나 장벽이 높은지를 실감하는 장면입니다.

이러한 중에 안디옥 교회가 세워졌습니다. 핍박을 피하여 오늘의 시리아에 있는 안디옥으로 피난을 간 사람들이 복음을 전하여 유대인과 이방인 함께 교회를 이루게 되었습니다. 그 수가 많아지자 예루살렘 교회에서 구브로 출신 바나바를 파송하여 교회를 세우게 됩니다. 바나바는 마음이 열려있는 사람이요 사람을 얻는 은사를 가진 사람이었습니다. 그가 사울을 다소까지 가서 모셔다가 안디옥에서 1년 동안 부흥사경회를 열어 강력한 영적 공동체를 이루게 되었습니다. 성령님은 다시 이방 선교를 위하여 바나바와 사울을 선교사로 파송하도록 지시합니다. 그리하여 이방 선교의 문이 활짝 열린 것입니다. 안디옥 교회는 세계 선교를 시작하는 교회로 귀하게 쓰임을 받게 되었습니다. 하나님의 복음을 전파하여 하나님 나라를 확장하는 일처럼 귀한 일은 없습니다. 주님의 명령을 받들어 내가 있는 곳에서부터 주의 복음을 힘써 전파해야 되겠습니다. 또한 선교사를 양성해서 파송하는 일, 선교사를 후원하는 일, 선교에 힘쓰는 일을 하는 교회와 성도야말로 주님을 사랑하고 주의 명령을 준행하는 자입니다.

▶ 나누어 볼까요?

당신은 복음전파를 위하여 얼마나 힘쓰고 있습니까?

합심기도합시다.	한 영혼에게 복음 전파하고 선교에 힘쓰도록

본문 : 사도행전 28장 16~31절   찬송가 : 273, 270장(새 507, 508)

사도행전은 예수님이 마지막으로 남기신 말씀, 주님의 지상명령이 어떻게 성취되는가를 보여주는 말씀입니다. 일점일획도 틀림없이 이루시는 하나님께서 그대로 성취하는 것이었습니다. 천상에 계신 그리스도께서 통치하셔서 지상에 하나님 나라를 세우시고 그대로 이루어 가시는 역사는 참으로 신비롭기 그지없습니다.

사도행전 28장 30,31절

"바울이 온 이태를 자기 셋집에 머물면서 자기에게 오는 사람을 다 영접하고 하나님 나라를 전파하며 주 예수 그리스도에 관한 모든 것을 담대하게 거침없이 가르쳤더라"

▶같이 풀어봅시다.

1. 바울 사도가 어떻게 안디옥교회에서 일하게 되었습니까(11:24~26)?

2. 안디옥교회는 최초로 누구를 선교사로 파송하였습니까(13:1~3)?

3. 바울 사도의 제1차, 제2차, 제3차 선교여행의 핵심은 무엇이었습니까?

4. 사도 바울이 예루살렘에서 체포되어 왜 가이사 황제에게 고소하였습니까(25장)?

5. 로마에 도착한 바울 사도는 어떤 상황에서 복음을 전하였습니까(28장)?

메시지

예수님은 십자가에 돌아가신 지 삼일 만에 부활하셨습니다. 부활하신 후 40일 동안 살아계셔서 제자들에게 귀중한 교훈을 주셨습니다. 그리고 40일 후 예루살렘에서 승천하셨습니다. 승천하시면서 마지막으로 선교 명령을 남기셨습니다.

"오직 성령이 너희에게 임하시면 너희가 권능을 받고 예루살렘과 온 유대와 사마리아와 땅 끝까지 이르러 내 증인이 되리라 하시니라"(1:8)

사도행전의 저자 누가는 이 말씀이 주님께서 마지막으로 남기신 매우 중요한 말씀임을 깨닫고 이 말씀이 어떻게 이루어지는지를 면밀히 살펴 사도행전을 기록하고 있습니다. 놀랍게도 주님의 말씀대로 이루어지는 것이었습니다. 처음 주님의 말씀을 들었을 때는 이해도 되지 않았고 도무지 실현 불가능한 말씀으로 여겨졌습니다. 그런데 그 불가능한 말씀이 신기하게도 그대로 이루어지는 것이었습니다. 참으로 그렇습니다. 하나님은 전지전능하신 분이십니다. 우리 인간 이성으로는 이해되지 않고 도무지 이룰 수 없다고 단정 지을 수밖에 없는 일도 하나님은 능히 이루시는 분이십니다.

예수님은 "땅 끝까지 이르러 내 증인이 되리라"고 말씀하셨습니다. 온 세계 만민을 구원하여 하나님 나라를 이루도록 명령하신 것입니다. 교회의 큰 사명은 선교임을 확인시켜 주신 것입니다.

사도 바울은 처음에는 복음을 몰라 복음을 반대하고 믿는 자들을 체포하여 감옥에 가두는 일을 했지만 예수님을 만나고서는 완전히 달라졌습니다. 생명을 걸고 복음을 전하는 전도자가 되었습니다. 안디옥 교회에서 성령의 지시를 받아 선교사로 파송된 바울은 제1차 선교여행은 소아시아 오늘의 터키 지방에 복음을 전파하였습니다. 처음에는 유대인들에게만 복음을 전하였는데 나중에는 이방인에게 복음을 전하는 획기적인 일을 하였습니다. 제2차 선교여행은 유럽 오늘의 그리스 일대에 복음을 전파하였습니다. 제3차 선교여행은 에베소 한 곳을 집중적으로 3년 동안 복음을 전파하여 확실한 복음의 전진기지를 구축하였습니다. 그리고 이방 교회와 예루살렘 모교회가 하나 되도록 막대한 구제헌금을 모아 전달하려고 예루살렘을 방문하여 체포되었습니다. 바울은 죄수의 몸이라도 땅 끝, 세계의 심장부 로마에 복음을 전하고자 가이사 황제에게 고소합니다. 로마 셋집에서 쇠고랑을 차고 복음 전하는 바울 사도의 모습은 매우 인상적입니다.

사랑하는 성도 여러분! 우리 모두 복음 전합시다. 영혼을 구원합시다. 땅 끝까지 선교합시다.

▶ 나누어 볼까요?

당신에게 복음 전파의 열정이 불타오르고 있습니까?

합심기도합시다.　우리 교회에 복음 전파의 불이 타오르도록 기도합시다

제 45과 하나님 나라와 성경

본문 : 디모데후서 3장 15~17절 　　　　 찬송가 : 248, 241장(새 550, 202)

예수님의 오심으로 하나님 나라는 시작되었습니다. 죄로 말미암아 하나님과 단절되어 살던 인간은 그리스도의 죽으심과 부활하심으로 하나님과 화목하고 교통할 수 있게 된 것입니다. 하나님께서는 하나님의 백성들과 교통할 수 있는 수단으로 성경을 주셨습니다. 성경은 하나님의 인류구원계시이며, 하나님과 교통할 수 있는 수단입니다.

디모데후서 3장 16절

"모든 성경은 하나님의 감동으로 된 것으로 교훈과 책망과 바르게 함과 의로 교육하기에 유익하니"

▶같이 풀어봅시다.

1. 성경의 핵심은 무엇입니까(15절)?

* 그리스도 안에 있는 구원. 그리고 믿음.
* 창조주 하나님께서는 멸망할 인류를 그리스도로 말미암아 구원하십니다. 하나님께서 보내신 인류의 메시아 예수님을 믿으면 구원 받게 됨.

2. 성경의 원 저자는 누구이며, 무슨 유익이 있습니까(16, 17절)?

* 성령, 곧 하나님.
* 교훈, 책망, 바르게 함, 의로 교육, 하나님의 사람으로 온전하게 함, 모든 선한 일을 행할 능력을 갖추게 함.

3. 구약 성경을 분류해 보시오(39권). 암송해 보시오.

* 율법서(5권) : 창, 출, 레, 민, 신
* 역사서(12권) : 수, 삿, 룻, 삼상, 삼하, 왕상, 왕하, 대상, 대하, 스, 느, 에
* 시서(5권) : 욥, 시, 잠, 전, 아
* 대선지서(5권) : 사, 렘, 애, 겔, 단
* 소선지서(12권) : 호, 욜, 암, 옵, 욘, 미, 나, 합, 습, 학, 슥, 말

4. 신약성경을 분류해 보시오(27권). 암송해 보시오.

* 복음서(4권) : 마, 막, 눅, 요
* 역사서(1권) : 행
* 바울서신(13권) : 롬, 고전, 고후, 갈, 엡, 빌, 골, 살전, 살후, 딤전, 딤후, 딛, 몬
* 공동서신(8권) : 히, 약, 벧전, 벧후, 요일, 요이, 요삼, 유
* 계시록(1권) : 계

 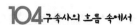

메시지

　　원래 이 세상은 하나님의 통치가 임하는 하나님 나라였습니다. 그런데 사탄의 유혹을 받은 인간의 죄로 말미암아 하나님과 멀어지게 되었습니다. 하나님과 멀어지게 된 인간은 점점 사탄의 영향을 받게 되어 이 세상은 온통 사탄의 수중에 들어가게 된 것입니다. 하나님께서는 사탄의 왕국이 된 이 세상을 구하시려고 독생자 예수님을 보내셨습니다. 예수 그리스도의 오심으로 이 세상에 하나님의 나라가 시작되었습니다. 그리스도의 십자가 죽음과 부활로 인하여 인간은 죄와 사망의 권세에서 벗어나 하나님의 나라에 들어가게 되었습니다.

　　하나님 나라에 들어온 사람들 곧 하나님의 백성들은 성경을 통하여 하나님과 교통하며, 하나님의 통치를 받게 됩니다. 그러므로 하나님 나라에 있어서 성경은 매우 중요한 역할을 합니다. 성경은 하나님의 뜻을 나타내는 하나님의 계시입니다. 하나님의 백성들이 하나님과 교통하는 채널이 바로 성경입니다. 성경의 원저자는 성령님이시며 성령님은 성경 말씀을 통하여 일하십니다. 그래서 하나님 백성들은 날마다 성경을 읽으며 하나님 음성을 들으며 하나님 뜻에 순종해야합니다.

　　성경을 읽을 때 바른 성경관을 가지고 성경을 올바로 사용하는 것은 매우 중요합니다. 바른 성경관은 무엇입니까? "신, 구약 성경은 하나님의 말씀이니 신앙과 본분에 대하여 정확 무오한 유일의 법칙이다.", "하나님의 말씀은 살아있고 활력이 있어 좌우에 날선 어떤 검보다도 예리하여 혼과 영과 및 관절과 골수를 찔러 쪼개기까지 하며 또 마음의 생각과 뜻을 감찰하나니"(히 4:12) 성경이 하나님 말씀이라는 경외심을 가지고 저자가 전하고자 하는 메시지에 귀를 기울여야합니다.

　　사도들이 성경을 통하여 전파한 메시지의 핵심은 다음과 같습니다.

1. 예수 그리스도는 인류 속죄를 위하여 고난 받으신 메시아이시다.
2. 예수 그리스도는 부활하여 하나님이 보내신 인류의 구주이심을 확증하셨다.
3. 예수 그리스도는 하나님 우편에 앉으신 영광의 메시아이시다.
4. 예수 그리스도는 하나님 나라를 이 땅에 이루러 오신 하나님의 메시아이시다.
5. 예수 그리스도는 구원의 주이시다.
6. 예수 그리스도는 현재의 삶 속에서 구원을 이루시는 현재의 구원자이시다.
7. 예수 그리스도는 다시 오실(재림할) 왕이시다.

　　하나님 말씀인 성경을 날마다 묵상하여 예수님을 만나시고 천국을 체험하시기를 바랍니다.

▶나누어 볼까요?

성경을 어떻게 읽고 있습니까? 천국을 어떻게 체험하고 있습니까?

> **합심기도합시다.**　하나님 말씀을 묵상하여 내 삶속에서 하나님의 통치가 임하도록

본문 : 에베소서 1장 23절   찬송가 : 265, 246장(새 516, 208)

초대 교회는 생명력 있는 교회의 모습을 보여줍니다. 예수님의 사랑이 불타오름, 하나님을 아버지로 모심, 경배의 기쁨, 성령 충만함, 성령의 인도함 받는 삶, 즐거운 순종, 성도간의 뜨거운 사랑의 교제, 자발적인 복음전파, 목숨 바쳐 헌신함 등이 현저하게 나타났습니다. 이러한 아름다운 교회가 어떻게 성장해 갔습니까?

에베소서 1장 23절

"교회는 그의 몸이니 만물 안에서 만물을 충만케 하시는 이의 충만함이니라"

▶같이 풀어봅시다.

1. 로마 감옥에서 복음 증거하는 바울의 모습으로 사도행전은 끝납니다. 그 후에 로마가 어떻게 기독교를 국교로 받아들이게 되었습니까?
* A.D. 313년 로마 콘스탄틴 황제가 밀라노 칙령을 공포하여 기독교를 국교로 공포함.

2. 사도 시대에서 로마가 기독교를 국교로 선포하기 까지 어떤 박해가 있었습니까?
* 사도 시대는 마지막 사도 요한의 때까지로 끝남(A.D. 33~100년).
* 로마 정부는 처음에 기독교를 박해함, 이유는 국가를 최고선으로 여기고, 가장 절대적 권위를 주장하는 로마 사상과의 차이와 높은 도덕으로 윤리적 타락을 정죄함 때문. 황제보다 하나님을 경배함으로 박해함.
* 네로(54~68년), 도미티안(81~96년), 마커스 아우렐리우스(161~180년), 데키우스(249~251년), 디오클레티안(284~305년) 황제 때 박해가 심했음.
* 성도들은 박해를 피하여 카타쿰(지하 동굴)에서 생활하며 신앙을 지켰음.
* 교회는 박해에도 불구하고 크게 성장하였고 클레멘스, 익나티어스, 져스틴, 유세비어스, 타티안, 폴리갑, 파피아스, 이레니우스, 클레멘트, 오리겐, 터툴리안, 키프리안 등이 크게 활동하였음.

3. 니케아 종교 시대에 무슨 일이 있었습니까?
* 니케아 종교 시대는 A.D. 313~590년까지임.
* 로마 황제 콘스탄틴은 기독교로 개종하고 기독교를 로마 국교로 공포하며 많은 업적을 남김. 십자가 형벌 폐지, 검투 금지, 축첩 간음 폐지, 여성 권리 보호 등 개혁, 교회에 법적 효력 부여, 기독교적 법률 제정, 아름다운 성경 50부 증정, 성지에 예배당 세움.
* 교리 문제가 발생하자 콘스탄틴은 니케아에 종교회의를 소집함. 이 과정에서 하나님께서 성경의 교리를 밝혀주심.

메시지

예수 그리스도께서 이 세상에 오심으로 하나님 나라가 시작되었습니다. 그리스도의 십자가 죽으심, 부활, 승천, 하나님우편에 앉으심, 성령 강림으로 인간들은 구원받아 하나님의 백성이 되며 하나님 나라에 들어갈 수 있게 되었습니다. 성령을 받아 예수 그리스도를 주로 모신 사람들은 하나님의 백성이 되어 교회를 이루었습니다. 초대교회는 너무나 아름답게 성장해갔습니다. 예루살렘에서 온 유대와 사마리아로, 더 나아가 소아시아, 유럽, 로마까지 복음이 전파되었습니다. 그 후 교회 역사가 어떻게 이루어졌습니까?

교회사는 보통 고대교회사(A.D. 33~590), 중세교회사(A.D. 590~1517), 근세교회사(1517~현재)로 분류합니다. 고대교회사는 예수님 십자가 죽음, 부활, 승천, 성령강림 후부터 교황 그레고리1세 즉위까지이며, 중세교회사는 그 후 종교개혁 때까지입니다. 종교개혁 이후 현재까지가 근세교회사입니다.

고대교회사는 사도시대, 속 사도시대, 니케아 시대로 분류할 수 있습니다. 하나님의 교회는 이 500년 동안 너무나 아름답게 성장했습니다. 아주 비약적으로 성장하여 온 세계를 정복한 로마를 정복하였습니다. 그러므로 참 교회의 모습을 찾고자 할 때 성경과 고대교회사에 나타난 교회를 사모하며 연구해야 합니다.

사도행전에 나타난 초대교회의 모습은 교회의 참 모습을 보여줍니다. 복음의 생명력이 충만한 모습입니다. 생명을 아끼지 않고 복음 전하는 용감한 복음의 전사들로 말미암아 교회는 급 성장해갔습니다. 로마 제국은 사상이 다르고 가치관이 다른 기독교에 주목하게 되었고 결국 교회를 박해하였습니다. 혹독한 박해에도 불구하고 사도들의 뒤를 이은 교부들의 활동은 대단하였습니다. 사도적 교부들은 기독교를 변호하는 변증가로서 참된 기독교의 진리를 수호하였습니다.

콘스탄틴 황제의 개종과 기독교를 국교로 공포함으로 교회가 더욱 성장함과 동시에 이단들이 나타나기 시작했습니다. 그리하여 교리확립의 필요를 느껴서 313년 니케아 종교회의를 갖게 되었습니다. 당시에 논쟁점은 기독론이었습니다. 신학 사상이 발달하지 못한 때였기 때문에 기독론에 대하여 이해가 부족하였습니다. 그리스도의 신성을 제한, 또는 인성을 제한하는 의견이 있었으나 그리스도는 완전한 신성과 완전한 인성을 가지신 메시아이심을 확실히 깨닫고 교리를 확립하게 되었습니다. 381년 제2차 콘스탄티노플 회의, 449년 제3차 에베소 회의, 451년 제4차 칼케돈 회의, 527년 제5차 콘스탄티노플 회의, 680년 제6차 콘스탄티노플 회의를 통하여 이미 성경에 나타나 있는 신학을 정립하게 되었습니다. 이 모든 일을 이루시는 하나님의 섭리는 참으로 오묘합니다.

▶ **나누어 볼까요?**

목숨을 아끼지 않고 복음 전한 초대 교회의 원동력은 무엇이었습니까?

합심기도합시다. | 초대 교회 본받아 생명 바쳐 복음 전하도록

제 47과 중세교회와 수도원 운동

본문 : 요한복음 4장 23절   찬송가 : 394, 383장(새 354, 336)

교회가 로마 제국을 정복한 것은 대단한 승리였습니다. 그러나 기독교가 로마 국교로 되면서 기독교의 세속화, 기독교의 변질, 복음의 본질의 사라짐, 형식화 등으로 흘러갔습니다. 그러나 하나님께서는 교회를 깨우기 위하여 수도원 운동과 같은 참신한 운동을 일으키셨습니다. 이 수도원 운동이 장차 종교개혁으로 발전하게 됩니다.

요한복음 4장 23절

"아버지께 참되게 예배하는 자들은 영과 진리로 예배할 때가 오나니 곧 이때라 아버지께서는 자기에게 이렇게 예배하는 자들을 찾으시느니라"

▶같이 풀어봅시다.

1. 중세교회사는 언제부터 언제까지입니까?

* 중세교회사는 그레고리1세가 교황으로 등극한 590년부터 종교개혁이 일어난 1517년까지 임.

2. 그레고리1세는 어떤 사람입니까?

* 중세 교회를 강화시킨 인물. 이전의 교황들은 나약하여 교회를 침체에 빠지게 하였는데 그는 토지 관리를 통한 세원 확보, 건물관리, 빈민구제, 성직자의 독신제도 강화 등으로 '하나님의 집정관' 이란 말을 들음.

3. 십자군 전쟁은 어떻게 일어난 것입니까?

* 성지 순례를 방해하는 이슬람 세력을 무찌르기 위하여 유럽 여러 나라가 연합하여 일으킨 전쟁. 1096년 제1차 십자군 전쟁으로부터 시작하여 1291년에 끝난 제7회 십자군 전쟁에 이르기까지 약 200년간의 종교전쟁.

4. 수도원 운동은 어떻게 일어난 것입니까?

* 거대한 제국이 일거에 교회로 편입됨으로 세속화가 일어남. 거대한 조직을 통치하기 위하여 교황정치가 등장하고 로마 그리스 신화와 동화하려는 경향, 성직매매, 화상예배, 미신이 등장하여 복음의 본질이 상실되고 교회가 무기력해질 때 복음의 본질을 찾기 위하여 교회 밖에서 일어난 신앙 회복 운동.
* 클레르보 수도원, 클루니 수도원, 베네딕트 수도원, 프랜시스 수도원, 도미니크 수도원

메시지

기독교가 당시 세계 심장부 로마에 복음을 전파한 것은 대단한 도전이었습니다. 그런데 놀랍게도 로마 선교 250년 만에 로마가 기독교를 국교로 받아들인 것입니다. 얼마나 복음이 강력했으면 그런 일이 일어났겠습니까? 생명을 아끼지 않고 복음을 전파한 사도들과 이름 없는 복음의 용사들의 승리였습니다. 온 인류를 구원하시려는 하나님의 뜻을 이룬 쾌거였습니다. 그런데 거대한 제국 로마가 복음을 받아들인 후 세속화가 일어난 것입니다.

교회사가 라토렛(Latourette)은 기독교를 로마의 공식적인 종교로 만든 칙령이 "예전의 박해 정책보다도 더 위험한 것이었다."고 보았습니다. 중세교회를 암흑기라 부르는 사람들이 많습니다. 그러나 중세를 세속화, 부패, 영적 무지, 미신, 성직매매 등의 부정적 면도 있지만 학문, 조각, 회화, 건축 등 예술의 발달, 세상에 미치는 영향, 세계 선교의 길을 열게 됨 등의 긍정적인 점도 간과해서는 안 됨을 지적하기도 합니다.

거대한 제국이 일거에 교회로 편입됨으로 인하여 혼란과 오류가 있었음은 분명합니다. 대표적인 예가 교황정치입니다. 그리고 마리아 숭배입니다. 교황과 세속 왕과 영주들의 권력다툼으로 교회는 복음의 본질을 상실해가고 있었습니다.

이때 교회 밖에서 참신한 복음의 본질 회복운동이 일어난 것입니다. 교회를 깨우는 운동이 일어났습니다. 수도원운동입니다. 거대한 권력, 거대한 토지와 막대한 재산, 권력다툼, 비성경적인 미신들, 성직매매 등이 성행하는 교회 안에서 하나님을 만날 수가 없었던 사람들은 진리를 찾아 헤매었습니다. 그들은 성경이 가르치는 참 복음을 찾아 나선 것입니다. 금욕주의, 은둔, 기도와 묵상, 청빈, 봉사, 선교 등 신앙의 본질에 근접하려고 애썼던 것입니다. 여러 수도원이 있지만 세 수도원운동을 생각해봅니다. 프랑스 존 버나드(John Bernard)는 보수적인 입장에서 자유주의 신학사상과 싸웠습니다. 그는 금욕생활 때문에 말라서 바로 서기조차 힘들었으나 입을 열면 1만 명의 청중을 압도하였다고 합니다. 아가서의 80편의 설교 속에서 그는 하나님의 사랑을 강조하였습니다. 그의 영향을 받은 수도원이 2천이나 되었다고 합니다. 이태리 성 프랜시스(St. Francis)는 극단적인 금욕생활을 하며 빈민 구제와 전도에 힘썼고 오로지 그리스도를 본받는 일에 전념하였습니다. 처음에는 평민 속에 들어가 봉사하며 전도하는 일에 힘쓰다가 나중에는 대학에 들어가 전도하였습니다. 뜨거운 그리스도 사랑에 많은 사람들이 감동을 받았습니다. 스페인 도미닉(Dominic de Guzman)과 그 일행은 탁발교단이라 일컫는데 주로 대학에서 활동하며 이슬람교도와 이단의 무리들을 교화하는데 힘썼습니다. 교황청 사람들이 그에게 나아와 정신교육을 받을 정도였습니다. 이 수도원 운동이 종교개혁의 씨앗이 되었습니다.

▶나누어 볼까요?

하나님께서는 타락한 중세교회를 깨우시기 위해 무슨 일을 하셨습니까?

합심기도합시다.	그리스도를 본받아 참 신앙생활에 힘쓰도록

제 48과　종교개혁의 희망

본문 : 로마서 1장 17절　　　　찬송가 : 265, 384장(새 516, 585)

하나님은 진리의 하나님이십니다. 하나님이 진리이시기에 하나님의 백성들도 진리 속에 살기를 원하십니다. 교회는 진리의 기둥과 터입니다. 그러므로 하나님께서는 교회의 부패를 싫어하시고 척결하시기 원하십니다. 거짓과 부패를 몰아내고 복음진리와 사랑으로 의와 사랑에 가득 찬 교회를 만들어 가십니다. 종교개혁이 바로 하나님의 개혁입니다.

로마서 1장 17절

"복음에는 하나님의 의가 나타나서 믿음으로 믿음에 이르게 하나니 기록된바 오직 의인은 믿음으로 말미암아 살리라 함과 같으니라"

▶같이 풀어봅시다.

1. 근세교회사는 언제부터 언제까지입니까?

* 종교개혁이 일어난 1517년부터 현재까지임.

2. 종교개혁 이전에 어떤 개혁적인 인물들이 있었습니까?

* 왈도(Waldo), 알비젠스(Albigenses), 존 위클리프(John Wyclif), 존 후스(John Hus)와 보헤미아 개혁당, 사보나롤라(Girolamo Savonarola), 히메네스 데 시스네로스(Jimenes de Cisneros)

3. 종교개혁이 어떻게 이루어졌습니까?

* 1517년 10월 31일 마틴 루터(Martin Luther)가 비텐베르그(Wittenberg) 교회당 정문에 면죄부 판매에 대한 95개조 반박문을 붙임으로 종교개혁이 시작됨.
* 교회의 타락이 극에 달하여 재정을 확보하기 위하여 면죄부를 팔았음. 교황의 전횡에 반기를 든 영주들이 루터를 지원하였음.
* 멜랑크톤(Melanchthon)은 루터를 지원하였음. 쯔빙글리(Zwingli)는 스위스에서 종교개혁을 함.
* 요한 칼빈(John Calvin)은 스위스 제네바에서 종교개혁을 함. 기독교강요 성경주석 등 많은 책을 저술하였으며 교리개혁 뿐 아니라 예배형식까지 전반적인 개혁을 이룸.

4. 어떻게 복음이 미국을 거쳐 전 세계에 전파되었습니까?

* 영국의 신앙 핍박을 피해 청교도들이 1620년 화란을 거쳐 메이 플라우어(May Flower)호를 타고 보스턴 플리머스(Plymouth)에 정착함으로 시작하여 미합중국이 세워지고 전 세계에 선교사를 파송함.

메시지

1517년 10월 31일. 독일 비텐베르그(Wittenberg) 교회당에 면죄부 판매의 부당성을 지적한 95개조의 반박문이 붙여짐으로 세계 역사는 큰 전환점을 맞게 되었습니다. 마틴 루터(Martin Luther)는 어거스틴 수도원에 들어가 수도하고 있었습니다. 그러나 그곳에서도 마음의 평안을 얻지 못하고 심각한 번민에 빠지게 되었는데 대학 도서관에서 라틴어 성경을 발견하고 로마서 말씀 속에서 의혹을 벗어나는 길을 발견하였습니다. 그리고 성경연구를 많이 하였고 버나드의 저서를 애독하여 신앙을 돈독하게 하였습니다. 이 무렵 베드로 대성당을 짓기 위한 재원을 마련하기 위하여 면죄부 판매를 하고 있었는데 루터는 성경에 어긋난 이 일의 반박문 95개조를 비텐베르그 교회당 정문에 붙여 놓았습니다. 이것은 당시 논쟁하는 방식이었습니다. 루터는 처음에는 로마 교황청에 반기를 들려는 생각은 없었는데 그의 논적 에크(Eck) 교수가 그를 자극하고 멜랑크톤이 도와줌으로 개혁에 열정을 갖게 되었습니다. 그리고 성경이야말로 모든 판단의 기준이며 모든 주장을 비판할 근거임을 발견하게 되었습니다.

여기에서 종교개혁의 구호가 탄생하였습니다. "오직 믿음으로(sola fide)", "오직 성경으로(sola Scriptura)", "오직 그리스도로(solus Christus)", "오직 은혜로 말미암아(sola gratia)" 복음의 본질에서 떠난 교회 신앙을 복음의 본질로 회복하자는 운동이었습니다.

루터의 종교개혁운동은 마른 건초더미에 불을 지른 것과 같았습니다. 너무나 목마르게 기다린 참 신앙의 세계로 나가는 길을 보여 준 것입니다. 여기에 교황의 전횡에 불만을 가진 영주들과 군주들이 가세함으로 온 세계의 개혁을 이루게 된 것입니다.

루터는 주로 사상개혁을 하였으나 예배모범이나 의식은 개혁하지 않았습니다. 그러나 요한 칼빈은 내용도 형식도 모두 개혁을 주장하였습니다. 그 유명한 기독교강요와 성경주석을 쓴 위대한 사상가이자 개혁가인 칼빈은 성경의 밝은 진리에 의하여 개혁을 완성시켰습니다.

이러한 종교개혁운동은 온 유럽에 산불처럼 번져갔습니다. 영국의 개혁 신앙인들은 기득권자들의 핍박을 피하여 100년 전에 컬럼버스가 발견한 신대륙에 신앙의 자유를 찾아 생명을 건 항해를 하게 되었습니다. 마침내 미 대륙 동부에 도착한 그들은 그들이 꿈꾸던 하나님 진리에 기초한 나라를 1776년 영국으로부터 독립하여 세우게 되었습니다. 이러한 국가 건설의 배경으로 인하여 미국은 선교에 많은 관심을 갖게 되었고 전 세계에 선교사를 많이 파송하게 되었습니다. 그래서 그들이 파송한 선교사들이 한국에 복음을 전하게 되었고 복음의 꽃을 피우게 되었습니다. 한국 교회도 성경의 가르침을 받아 중국을 비롯한 전 세계에 복음을 전파하기에 심혈을 기울이고 있습니다. 하나님께서 한국 교회를 쓰셔서 그리스도의 참 복음을 온 세계에 전파하시고 계십니다. 할렐루야!

▶ **나누어 볼까요?**

종교개혁자들의 정신은 무엇이었습니까?

| **합심기도합시다.** | 성경이 가르치는 참 신앙 안에서 자유와 행복과 풍요를 누리도록 |

제 49과 그리스도의 재림과 우주의 종말

본문 : 요한계시록 1장 1~20절　　　　찬송가 : 162, 168장(새 175, 180)

성경의 역사관은 직선입니다. 시작이 있고 끝이 있습니다. 하나님의 인류 구속의 완성은 그리스도의 재림과 연결되어 있습니다. 그리스도의 재림은 1) 우주 역사의 종말 2) 하나님 나라의 완성 3) 최후의 심판 4) 영원한 하나님 나라의 시작 등의 엄청난 사건을 수반합니다. 종말에 일어날 일들을 잘 공부해 봅시다.

요한계시록 1장 8절

"주 하나님이 이르시되 나는 알파와 오메가라 이제도 있고 전에도 있었고 장차 올 자요 전능한 자라 하시더라"

▶같이 풀어봅시다.

1. 요한계시록은 누가 언제 어디서 무슨 내용을 기록하였습니까(1,2,9,19절)?

* 사도 요한이 가장 핍박이 심하던 때에 밧모 섬에 유배되어 있을 때에 살아계신 그리스도를 뵈옵고 〈반드시 속히 일어날 일〉〈환상, 지금 있는 일, 장차 될 일〉을 기록함.

2. 재림하실 그리스도의 모습이 어떻게 묘사되어 있습니까(4~5, 12~16절)? 그를 뵌 사도 요한은 어떤 모습이 되었습니까(17절)?

* 이제도 계시고 전에도 계셨고 장차 오실 이(과거 현재 미래를 주관하시는 영원한 분), 충성된 증인, 죽은 자들 가운데서 먼저 나시고(부활하심), 땅의 임금들의 머리가 되신(만 왕의 왕) 예수 그리스도.
* 일곱 금 촛대 사이를 거니시는 이(교회의 주인), 발에 끌리는 옷을 입고 가슴에 금띠를 띠고(권세 있는 왕), 머리와 털의 희기가 흰 양털 같고 눈 같으며(거룩함), 눈은 불꽃같고(심판자의 예리함), 발은 풀무 불에 단련한 빛난 주석 같고(심판자의 무서운 권능), 그의 음성은 많은 물 소리 같음(큰 파도와 같은 우렁참), 오른 손에 일곱 별이 있음(교회를 보호함), 입에서 좌우에 날선 검이 나옴(심판의 말씀), 얼굴은 힘 있게 비치는 것 같음(빛난 광채).
* 발 앞에 엎드려져 죽은 자 같이 됨(거룩한 신성에 압도된 모습)

3. 그리스도의 재림에는 무슨 사건이 동시에 일어납니까?

* 이 세상의 종말, 무서운 최후의 심판(불신자들의 멸망, 원수들의 멸망과 지옥형벌), 하나님 나라의 완성(선택된 총수의 구원, 믿는 자의 완전한 구원), 영원한 하나님 나라의 시작.

메시지

성경이 가르치는 역사관은 직선입니다. 직선에는 시작이 있고 끝이 있듯이 역사에도 출발과 종말이 있습니다. 태초에 천지를 창조하심으로 역사가 시작되었고 그리스도의 재림으로 역사의 종말이 옵니다.

하나님의 아들 예수 그리스도께서는 여러 차례 강조하여 재림을 예언하셨습니다. "이 천국 복음이 모든 민족에게 증언되기 위하여 온 세상에 전파되리니 그제야 끝이 오리라"(마 24:14) "그 때에 인자의 징조가 하늘에서 보이겠고 그 때에 땅의 모든 족속들이 통곡하며 그들이 인자가 구름을 타고 능력과 큰 영광으로 오는 것을 보리라 그가 큰 나팔소리와 함께 천사들을 보내리니 그들이 그의 택하신 자들을 하늘 이 끝에서 저 끝까지 사방에서 모으리라"(마 24:30,31), "그러나 그 날과 그 때는 아무도 모르나니 하늘의 천사들도, 아들도 모르고 오직 아버지만 아시느니라"(마 24:36) 천사들도 그리스도의 재림을 확증하였습니다. "올라가실 때에 제자들이 자세히 하늘을 쳐다보고 있는데 흰 옷 입은 두 사람이 그들 곁에 서서 이르되 갈릴리 사람들아 어찌하여 서서 하늘을 쳐다보느냐 너희 가운데서 올려지신 이 예수는 하늘로 가심을 본 그대로 오시리라 하였느니라"(행 1:10,11). 사도들도 그리스도의 재림을 힘써 가르쳤습니다. "주께서 호령과 천사장의 소리와 하나님의 나팔 소리로 하늘로부터 강림하시리니 그리스도 안에서 죽은 자들이 먼저 일어나고 그 후에 우리 살아남은 자들도 그들과 함께 끌어 올려 공중에서 주를 영접하게 하시리니 그리하여 우리가 항상 주와 함께 있으리라"(살전 4:16,17), "그들이 산자와 죽은 자를 심판하기로 예비하신 이에게 사실대로 고하리라"(벧전 4:5)

그리스도 재림으로 인류 역사에 대 전환을 가져오는 너무나 놀랄 일들이 함께 동시에 일어납니다. 이 세상 모든 역사가 끝이 납니다. 세상에서 하는 모든 일들이 다 소용없는 것이 되고 맙니다. 무서운 최후 심판이 벌어집니다. 산자와 죽은 자들 모두 그리스도의 심판대 앞에 서서 심판을 받게 됩니다. 메시야를 믿지 않는 자들과 그리스도를 대적하는 이들은 무서운 심판과 지옥형벌을 받게 됩니다. 끔찍한 일들이 일어납니다. 믿지 않는 가족들에게 빨리 전도해야 합니다. 믿는 자들은 구원을 받습니다. 영원한 천국을 기업으로 받습니다. 영원한 천국이 시작됩니다. 믿는 이들은 영원한 천국에 가서 주와 함께 영생복락을 누리며 사는 복을 받습니다. 그리스도의 재림을 생각할 때에 깨어 기도하며 복음 전파에 힘써야 되겠습니다. 재림을 준비하는 깨어있는 신앙생활이 참으로 지혜 있는 삶입니다.

▶ 나누어 볼까요?

당신은 지금 그리스도의 재림을 어떻게 준비하고 삽니까?

합심기도합시다.	깨어 기도하며 거룩한 삶을 살며 힘써 복음 전하도록

일곱 교회에 보내는 일곱 편지

본문 : 요한계시록 2장 1~7절   찬송가 : 173, 427장(새 184, 191)

알파요 오메가이신 하나님, 처음이요 나중이신 하나님, 창조주요 심판자이신 하나님께서 일곱 교회에 일곱 편지를 보내십니다. 이 편지는 모든 세대, 모든 지역에 사는 하나님의 백성들에게 보내는 편지입니다. 매우 중요한 메시지를 담고 있습니다. 가슴에 새겨야 할 말씀을 귀 기울여 봅시다.

요한계시록 2장 7절

"귀 있는 자들은 성령이 교회들에게 하시는 말씀을 들을지어다 이기는 그에게는 내가 하나님의 낙원에 있는 생명나무의 실과를 주어 먹게 하리라"

▶같이 풀어봅시다.

1. 일곱 교회에 보내는 일곱 편지는 무슨 성격의 편지입니까?

* 사도 요한이 밧모 섬에 유배된 때에는 언론의 통제를 받고 있던 때임. 그러므로 요한 계시록은 그리스도인들만이 아는 암호와 같은 상징, 비유, 묵시문학 형태로 쓰여졌음. 또한 깊고도 많은 뜻을 담기 위해 상징, 비유로 표현됨. 일곱은 완전수임. 그러므로 일곱 교회에 보내는 일곱 편지는 모든 시간과 공간에 사는 모든 교회 신자들에게 주는 메시지임.

2. 일곱 교회에 주는 편지의 핵심과 상급이 각각 무엇입니까(2~3장)?

* 에베소 교회 – 처음 사랑을 회복하라(사랑) – 하나님의 낙원에 있는 생명나무의 열매.
* 서머나 교회 – 죽도록 충성하라(충성) – 생명의 면류관, 둘째 사망을 면함.
* 버가모 교회 – 정통 교리를 지키라(진리) – 감추었던 만나, 새 이름을 새긴 흰 돌.
* 두아디라 교회 – 성결하라(성결) – 만국을 다스리는 권세, 새벽 별.
* 사데 교회 – 유명무실을 버리고 내실을 기하라(열매) – 흰 옷, 생명책에 기록, 시인함.
* 빌라델비아 교회 – 복음을 전파하라(전도) – 면류관, 거룩한 이름의 하나님 성전의 기둥.
* 라오디게아 교회 – 뜨겁게 섬기라(열정) – 주와 함께 먹음, 보좌에 앉게 해 주심.

3. 그리스도의 모습이 어떻게 다양하게 소개되어 있습니까(2~3장)?

* 에베소 교회 – 일곱별을 붙잡고 일곱 금 촛대 사이를 거니시는 이(교회의 주인)
* 서머나 교회 – 처음이요 마지막, 죽었다가 살아나신 이(역사의 주관자, 고난과 영광의 주)
* 버가모 교회 – 좌우에 날선 검을 가지신 이(예리한 능력의 말씀을 가지신 분)
* 두아디라 교회 – 눈이 불꽃, 발이 빛난 주석 같은 하나님의 아들(무서운 심판 주)
* 사데 교회 – 일곱 영과 일곱 별을 가지신 이(영을 꿰뚫어보며 치리권을 가지신 분)
* 빌라델비아 교회 – 다윗의 열쇠를 가지신 이(영광스러운 천국 문의 열쇠를 가지신 분)
* 라오디게아 교회 – 아멘, 충성되고 참된 증인, 하나님의 창조의 근본(창조주, 참 모범)

메시지

　하나님의 인류 구속 역사는 신비하고 놀랍습니다. 하나님은 인간적인 눈으로 보면 실패처럼 보이는 일을 통하여 놀라운 일을 이루십니다. 그 가장 큰 예가 주님의 십자가입니다. 믿음 없는 눈으로 보면 십자가는 실패였습니다. 그런데 하나님은 그 십자가를 통해 온 인류의 구원을 이루신 것입니다.

　로마 제국을 살리는 복음을 전파하는 하나님의 종들을 로마 제국은 심히 핍박하였습니다. 그 이유는 신처럼 받드는 황제를 숭배하지 아니하고 다른 신을 섬긴다는 것이었습니다. 또한 너무나 거룩하고 의롭게 살므로 자기들의 죄가 폭로되고 거부감이 생기는 것이었습니다. 그리하여 네로(Nero), 베스파시아누스(Vespasianus) 황제들은 기독교를 핍박하더니 도미시안(Domitianus) 황제 때 핍박이 더한 것이었습니다. 이 때 에베소 교회를 섬기던 사도 요한을 밧모 섬에 유배시켰습니다. 외로운 섬에 유배당한 노 사도는 거친 파도 소리를 들으며 기도하고 있었을 것입니다. 그때 놀라운 하나님의 환상과 계시를 받았습니다. 교회가 심히 핍박당한 때이므로 진실을 다 말할 수 없었습니다. 그래서 하나님은 신자들만 알아들을 수 있는 암호와 같은 상징, 비유, 묵시문학, 환상으로 종말에 일어날 일을 말씀하여 주신 것입니다. 그러므로 요한계시록은 전혀 해석이 불가능한 말씀이 아니라 암호만 풀면 그 뜻을 알 수 있는 우리에게 주신 복된 말씀입니다.

　일곱 교회에 보내는 일곱 편지는 전 시대 전 세계 모든 교회에 보내는 하나님의 편지입니다. 소아시아에는 일곱 교회만 있는 것이 아니었습니다. 그런데 일곱을 선택하신 것은 상징성입니다. 일곱은 완전의 수입니다.

　주님께서 교회에 가장 원하시는 것은 사랑입니다. 영의 눈을 뜨고 영원하신 하나님을 아버지로 모신 황홀한 기쁨과 감격, 넘치는 은혜 속에서 일하기를 원하십니다. 일보다 사랑의 감격이 먼저임을 가르쳐 주십니다. 주님의 은혜와 사랑의 감격 속에서 일할 때 영생의 열매, 생명나무의 열매를 먹고 영원한 천국의 황홀경에 들어가게 됩니다. 그리고 어떤 고난 속에서도 충성을 다하며, 진리의 말씀을 붙들고 모든 이단 사상을 물리치고, 더러운 음행과 윤리적 타락을 벗어나 성결한 하나님의 자녀로 사는 것을 간절히 바라십니다. 하나님은 생명의 주이시며 심판의 주이시므로 거짓되고 형식적인 것, 가식적인 것을 버리고 진실한 믿음의 열매를 바라십니다. 복음을 힘써 전파하여 천국 문을 열고 영혼을 구원하며 뜨거운 열정으로 하나님을 섬겨서 주님의 식탁에서 "내 잔이 넘치나이다." 하는 감격을 맛보기를 원하십니다. 사랑, 충성, 진리, 성결, 열매, 전도, 열정으로 주님을 기쁘게 하시기 바랍니다.

▶ 나누어 볼까요?

주님께서 보실 때 당신에게 가장 필요한 것은 무엇입니까?

합심기도합시다.　주님께서 바라시는 일곱 가지 덕목이 내게 하나하나 이루어지도록

종말에 있을 천년 왕국

본문 : 요한계시록 20장 1~15절　　　　찬송가 : 178, 347장(새 197, 212)

요한계시록은 종말에 일어날 일을 예언해 주는 계시록입니다. 크게는 원수의 멸망, 믿는 자들의 승리입니다. 핍박하는 로마 제국을 비롯한 모든 원수들은 심판 받아 멸망당하고, 충성스럽게 신앙을 지킨 자들은 승리하신 그리스도와 함께 승리하여 영원한 천국을 기업으로 차지하는 내용입니다.

요한계시록 20장 6절

"이 첫째 부활에 참여하는 자들은 복이 있고 거룩하도다 둘째 사망이 그들을 다스리는 권세가 없고 도리어 그들이 하나님과 그리스도의 제사장이 되어 천년동안 그리스도와 더불어 왕 노릇하리라"

▶같이 풀어봅시다.

1. 구원받은 하나님의 백성들이 어떻게 예배를 드립니까(4;1~11)?

* 과거 미래 현재를 주관하시는 영광의 하나님께 영광과 존귀와 감사를 드림.

2. 대 환란이 어떻게 묘사되어 있습니까(5:1~8:5, 8:6~11:19, 15:1~18:24)?

* 3대 7중 재앙
* 일곱 인 재앙(5:1~8:5) : 인은 특급 비밀 계시임. 전쟁, 흉년, 질병, 순교, 지진 등의 재앙
* 일곱 나팔 재앙(8:6~11:19) : 나팔은 비밀의 선포. 우박, 바다, 물, 운석, 황충 등의 환경 재앙과 전쟁 재앙.
* 일곱 대접 재앙(15:1~18:24) : 대접은 진노를 담는 그릇. 땅, 바다, 강과 샘, 천체, 불신자 들, 큰 강 유브라데, 하늘에 무서운 재앙이 쏟아져 큰 고통을 당하고 죽임을 당함.

3. 그리스도의 재림과 천년 왕국은 어떤 관계에 있습니까(20장)?

* 천년 왕국 전 그리스도 재림 설(전천년설) : 그리스도 재림 직전에 대 환란이 있고 재림 후에 천년왕국이 있은 후 영원한 천국에 이른다는 종말론.
* 천년 왕국 후 그리스도 재림 설(후천년설) : 그리스도 초림으로 말미암아 이미 천년왕국이 시작되었고 천년 왕국 끝에 그리스도가 재림하시며 영원한 천국에 들어간다는 종말론.
* 무 천년 왕국 설(무천년설) : 천년이란 상징적인 기간이며 초림과 재림 사이로 천년왕국이란 상징일 뿐이며 하나님의 나라는 시간적으로 표시될 수 없다는 종말론

4, 구원받은 144,000명은 어떤 의미입니까(7:4, 14:1,3)?

* 12x12x1,000=144,000으로서 구약, 신약 선택받은 하나님 백성의 총수. 상징적 숫자임.

메시지

　요한계시록을 부분적인 것에 치우쳐 전체 해석을 그르치는 사람들이 많습니다. 전체를 바라보지 못하고 부분에만 사로잡혀 해석을 그르치면 안 됩니다. 요한계시록을 과거 요한 사도 때로 국한하여 해석하는 과거적 해석이나 알레고리적으로 혹은 영해로 해석하는 관념론적 해석은 잘못된 해석입니다. 요한계시록은 과거 이미 계시된 성경을 근거로 미래 종말에 있을 하나님의 구속사를 계시한 성경입니다. 그러므로 해석에 있어 과거를 참조하되 미래에 일어날 하나님의 구원 역사임을 깨닫고 해석해야 됩니다.

　전체적으로 보면 "십자가에 고난 당하셨으나 부활하셔서 만왕의 왕이 되어 심판장의 자리에 서실 승리하신 그리스도", "대 환란 후에 재림하셔서 원수를 멸하고 영원한 하나님 나라를 완성하실 그리스도"를 보여줍니다.

　영원히 빛날 영원한 하나님 나라가 완성되기 전에 사탄의 방해로 대 환란이 있게 됩니다. 그 대 환란이 3대 7중 재앙으로 계시되어 있습니다. 일곱 인 재앙은 임금이 비밀스러운 문서를 인을 쳐 보관하였다가 공개한 재앙입니다. 전쟁, 흉년, 질병, 순교, 지진 등의 재앙이 나타납니다. 일곱 나팔 재앙은 비밀을 선포하는 것으로 땅, 바다, 강과 샘, 천체, 불신자들, 큰 강 유브라데, 하늘에 차례대로 쏟아지는 우박 재앙, 바다의 오염 재앙, 운석이 떨어져 강과 물의 오염 재앙, 해 달 별들이 어두워지는 천체의 재앙, 공기 오염 재앙과 황충 재앙, 전쟁 재앙, 우레와 지진 큰 우박 재앙 등 환경재앙입니다. 일곱 대접 재앙은 대접에 담긴 진노를 쏟는 재앙으로 더 광범위하고 독한 재앙입니다. 땅, 바다, 강과 샘, 천체, 불신자들, 큰 강 유브라데, 하늘에 차례로 무서운 재앙이 쏟아집니다. 재앙은 반복적이고 더 심해집니다. 이 모든 재앙은 하나님을 대적하는 사람들의 죄를 벌하는데 있습니다. 또한 믿는 자들의 참 믿음을 연단하는 목적이 있습니다.

　요한계시록 20장의 진리는 사탄이 멸망한다는 것입니다. 그리고 예수님을 증거하느라 순교당한 자, 적그리스도와 우상에게 절하지 아니하고 신앙을 지킨 자에게 그리스도와 더불어 천년 동안 왕 노릇하리라는 것입니다. 계시록에 나오는 숫자가 대부분 상징적인 것임을 감안하면 천년 동안도 상당한 기간으로 봄이 좋습니다. 마귀는 멸망당하고 믿는 자는 큰 승리를 그리스도와 함께 누린다는 것이 성경의 가르침입니다. 그리스도께서 주실 상을 바라보며 현재 어떤 환란이나 고난이 있어도 참고 극복해야 합니다. 잘 참고 견디어 그리스도의 큰 상을 받는 성도되시길 기도합니다.

▶ 나누어 볼까요?

　"원수는 멸망, 신자는 승리" 종말론 신앙을 가질 때 어떤 삶이 이루어질까요?

합심기도합시다.	재림 신앙 가지고 승리의 삶을 살도록

본문 : 요한계시록 21~22장   찬송가 : 246, 168장(새 208, 180)

전지전능하신 하나님께서 시작하신 하나님 나라는 반드시 완성됩니다. 하나님 나라의 완성은 그리스도의 재림으로 이루어집니다. 그래서 요한계시록 결론은 "내가 진실로 속히 오리라", "아멘 주 예수여 오시옵소서!" 로 끝납니다. 그리스도 재림 신앙으로 승리하시기를 바랍니다.

요한계시록 22장 20절

"이것들을 증언하신 이가 이르시되 내가 진실로 속히 오리라 하시거늘 아멘 주 예수여 오시옵소서!"

▶같이 풀어봅시다.

1. 요한계시록 21, 22장을 읽어보시오. 가능하면 암송하면 좋겠습니다.

2. 영원한 천국인 새 하늘과 새 땅은 어떤 모습입니까(21:1~5)?

3. 둘째 사망은 무엇입니까? 어떤 자가 그 벌을 받습니까(21:6~8)?

4. 새 예루살렘은 어떤 곳입니까(21:9~22:5)? 특징을 말해 보시오.

5. 주님께서 마지막으로 당부하시고 강조하신 말씀이 무엇입니까(22:6~21)?

메시지

　　하나님의 인류 구속역사는 '창조', '타락', '구속' 완성으로 진행됩니다. 하나님 나라는 하나님께서 시작하셨으므로 하나님께서 친히 완성하십니다. 그러므로 신자는 최선을 다하여 하나님 나라 건설에 힘써야 되지만 먼저 하나님께서 친히 완성시키신다는 확고한 신앙을 가져야 합니다. 인간 내면에 깊이 뿌리박힌 죄를 인간이 어떻게 제거한단 말입니까? 인간 사회에 만연되어 있는 광범위한 저 타락문화를 어떻게 제거하고 온전한 하나님의 진리로 채운단 말입니까? 인간 힘으로는 불가능하게 보입니다. 그러나 천지를 창조하신 전능하신 하나님께는 가능합니다. 그러므로 신자들은 먼저 하나님을 전적으로 신뢰하고, 하나님께서 분부하신 일에 최선을 다하여 순종하면 하나님께서 신자들의 순종을 쓰셔서 인간이 이루지 못할 일을 기적적으로 이루십니다.

　　하나님께서는 원수 마귀를 멸하시고 믿는 자들에게 영원한 천국을 기업으로 주십니다. 그 영원한 천국의 모습이 어떠합니까? 죄와 타락, 오염이 제거된 새로운 세계입니다. 하나님께서 초자연적인 능력으로 펼치신 새 세계입니다. 신부가 남편을 위하여 단장한 것같이 깨끗하고 순결하고 아름다운 천국입니다. 하나님께서 친히 하나님 백성을 통치하시고 돌보시는 하나님의 나라입니다. 완전한 천국입니다. "그들은 하나님 백성이 되고, 하나님은 그들의 하나님이 되사 함께 거하시도다" 언약이 완성된 천국입니다. 하나님의 위로와 사랑이 모든 성도들을 만족케 합니다. 다시는 사망이나 애통하는 것이나 곡하는 것이나 아픈 것이 없습니다. 죄가 사라지고 완전한 의와 진리가 세워진 신자들의 이상향입니다. "보라 내가 만물을 새롭게 하노라" 하나님의 말씀이 선포되고 그대로 이루어진 거룩한 하나님의 나라입니다. 우리 신자들이 영원토록 살아갈 영원한 하나님 나라입니다. 하나님 보좌와 어린 양 예수 그리스도의 보좌에서 수정 같이 맑은 생명수 강이 흐르고 강 좌우에는 생명나무가 있어 열두 가지 열매를 맺습니다. 그 생명나무 과실을 먹게 하십니다. 하나님과 어린 양 예수님을 친히 보게 되며 다시 밤이 없고 등불과 햇빛이 쓸데없습니다. 주 하나님의 영광이 비추이기 때문입니다. 세세토록 왕 노릇 하게 됩니다. 할렐루야!

　　이 영광스러운 천국을 이루시려고 주 예수님 다시 재림하십니다. 알파요 오메가이신 예수님, 처음이요 마지막이신 예수님, 창조주요 심판주이신 예수님, 시작이요 마침이신 우리 예수님께서 약속하여 주십니다. "내가 진실로 속히 오리라." 우리 믿는 자들은 소리높이 외칩니다. "아멘 주 예수여 오시옵소서!" 재림 신앙으로 날마다 승리의 삶을 사시기 바랍니다.

▶ 나누어 볼까요?

그리스도의 재림이 당신의 삶에 어떤 변화를 줍니까?

합심기도합시다.	주님의 재림 신앙으로 승리의 삶을 살도록

구속사의 흐름 속에서

저 자	한의수
초판발행	
발 행 처	사)기독대학인회 출판부(ESP)
판 권	ⓒ ESP, 2008
등록번호	제 12-316호
주 소	서울시 강북구 미아8동 317-8
전 화	02) 989-3477
팩 스	02) 989-3385
이 메 일	esfpress@hanmail.net
디 자 인	정진식, 이미현
값	4,000원